비즈니스 모델

특허 전략

BUSINESS MODEL TOKKYO SENRYAKU

ⓒ Hidetoshi Shibata / Tomohito Ihara 2000

Originally published in Japan in 2000 by TOYO KEIZAI INC.
Korean translation rights arranged through Access Korea, Seoul.
Korean translation rights ⓒ 2000 by ImageBook.

비즈니스 모델
특허 전략

시바타 히데토시 · 이하라 도모히토
김욱송 옮김
감수 · 신양환('정직과 특허' 대표 변리사)

이미지북

머리말

최근 들어 '비즈니스 모델 특허'라는 말이 매스컴에 빈번히 등장하고 있다. 이와 같은 기사들은 IT(정보 기술) 혁명의 산물이라고 할 수 있는 새로운 형태의 특허를 의미한다. 이러한 특허는, 기업에 있어서 지금까지 그 전례를 찾아보기 힘들었던 '위협'적인 존재로 보도되고 있으며, 반면 '기회'로 받아들이는 경향을 보이고 있다.

도대체 무슨 일이 일어나고 있는 것인가.

이제까지 비즈니스 모델 특허는 일부 제한된 사람들(기업의 법무부, 변리사, 기술자 일부)이 업무상 이해하고 있거나 마치 전유물처럼 인식되어 왔다.

그러나 '비즈니스 모델 특허'라는 새로운 체제 가운데 기존에 인정되지 않았던 비즈니스 모델이 IT(컴퓨터 시스템이나 네트워크 시스템)와 결합됨으로써 특허로 인정될 가능성이 제기된 것이다. 또한 그 영향이 비즈니스 전반에 미치는 것으로 인지되면서 일반 매스컴에서까지 이를 다루게 되었다.

단, 그 기사들은 부분적인 사실과 현상에 대해 기술해놓았을 뿐, 많은 사람들에게 도대체 무엇이 '위협'이며 무엇이 '기회'인지 명확하게 해답을 제시하지 못하고 있다. 그리고 기업이나 관련 종사자들 또한 이 비즈니스 모델 특허에 대해 어떻게 대응해야 할지 갈피를 잡지 못하는 상태라고 볼 수 있을 것이다.

서점의 비즈니스 관련 서적 코너에 가보면 주식 거래나 인터넷, 전자상거래에 관련된 책은 홍수처럼 쏟아져나오고 있다. 그러나 지적재산권이나 비즈니스 모델 특허에 관한 서적은 거의 찾아보기 힘든 실정이다.

물론 법률서 코너에 가보면 지적재산권에 관한 책을 접할 수 있지만, 그 또한 반드시 비즈니스의 관점에서 쓰여진 것이 아니라는 점에 한계가 있다.

그러나 이제 지적재산권은 비즈니스와는 뗄래야 뗄 수 없는 존재가 되었다. 그 이유는 많은 비즈니스 리더들이 지적재산권 전략이 기업의 새로운 경쟁력의 원천이라고 믿고 있기 때문이다.

그리고 '비즈니스 모델 특허'는 실제로 경영 전략과 직결되는 지적재산권이며, IT를 이용하여 비즈니스를 전개하는 데에 핵심이 되는 지적재산권이기도 하다.

이 지적재산권이 의미하는 바를 바르게 이해해 비즈니스를 정확하게 적용시켜 나가는 것이 경영 전략상 필수 요소라고 할 수 있다.

이 책 『비즈니스 모델 특허 전략』은 사회에서 여러 방식으로 이야기되고 있는 '비즈니스 모델 특허'가 미치는 방대한 충격을 전달하는 데에 목적을 두지 않는다.

이 책은 '비즈니스 모델 특허'에 대한 정확한 정보를 가능한 한 많이 제공하고, '비즈니스 모델 특허'가 갖는 진정한 가능성을 이해시키는 데에 그 첫 번째 목적이 있다.

독자 여러분이 이러한 정보를 바탕으로 경쟁력 있는 비즈니스를 전개해 나가는 데에 조금이라도 보탬이 된다면 하는 바람으로 이 책을 집필하게 되었다.

또한 이 책이 갖는 또 하나의 목적은, '비즈니스 모델 특허'를 계기로 이제까지 주로 기술과 법무 세계에만 한정되는 경향을 보였던 '지적재산권'을 경영 전략 시점에서 재조명하는 데에 있다.

이제 지적재산권 전략은 앞으로 전개될 비즈니스 성공의 열쇠를 쥐고 있다고 해도 결코 틀린 말이 아니다.

지적재산권에 관한 전략은 기업의 지적재산권 부문뿐 아니라 경영 기획·전략 입안 부문을 비롯하여, 각 부문에서 널리 쓰이는 것으로 변화되어 가고 있다.

그런 의미에서 이 책은 회사 경영자, 기업가, 사업 기획 담당자는 물론, 마케팅이나 판매 담당자에게도 큰 도움을 줄 수 있을 것으로 확신하고 있다.

'비즈니스 모델 특허'를 바르게 이해하고, 자신의 비즈니스 모델이 특허가 될 수 있는지, 또는 타사의 비즈니스 모델을 안이하게 모방하는 것이 특허 침해가 되는 것은 아닌지 등을 정확히 판단하는 것은 피할 수 없는 오늘날의 과제이기 때문이다.

'비즈니스 모델 특허'의 위협을 최소화하고, 성공의 기회를 최대한으로 살리기 위해서는 이러한 준비가 시급하다.

이 책은 다양하고 폭넓은 분야의 비즈니스를 담당하고 있는 사람들이 활용할 수 있도록 '비즈니스 모델 특허'에 관한 기본적인 지식에서 특허화의 핵심 사항, 현재 상황, 과제, 그리고 앞으로의 지적재산권 비즈니스의 방향성에 이르기까지 다양한 정보를 망라하도록 구성하였다.

그리고 미국이나 일본의 구체적 사례를 다양하게 소개하여, 이제까지 특허와는 별 관련이 없었던 이들도 쉽게 이해할 수 있는 책이 되도록 노력했다.

필자들은 이 책에서 미국 비즈니스 스쿨과 로스쿨(법률 전문 교육기관)에서 쌓은 식견을 바탕으로, '비즈니스 모델 특허'를 하나의 실마리로 하여 지적재산권 제도라는 법 제도를 비즈니스의 시점에서 새롭게 받아들이도록 시도하였다.

독자 여러분이 이 책을 다 읽을 즈음에 지적재산권 전략을 비즈니스의 핵심으로 적용시키고 싶다는 생각을 하게 된다면 필자로서 더 없는 기쁨이 될 것이다.

이 책의 출판을 위해 여러 도움을 주신 여러분들께 이 자리를 빌어 감사의 뜻을 전하고 싶다.

변변치 않은 원고에 강평을 해주신 워싱턴 대학 CASRIP(지적재산연구소)의 다케나카 도시코 조교수, 후지쓰(주) 워싱턴 D.C. 사무소 고노 마코토 씨, (주)히타치 제작소에서 금융업의 새로운 비즈니스 모델을 연구하고 계시는 나카 이사무 씨, 노벌티스어그로(주)에 근무하면서 MBA동우회에서도 활약하고 계시는 오기하라 치시코 씨, 출판을 쾌히 승낙해주신 동양경제신문사 나카무라 미노루 씨께 감사를 표하고 싶다. 그리고 집필하는 동안 격려와 조언을 아끼지 않았던 아내 시바타 마유미, 이하라 미키에게도 고맙다는 말을 하고 싶다.

필자

제2장
지적재산권, 그 첫걸음----------------55

제3장
비즈니스 모델 특허의 어제와 오늘----------93

칼럼

제 1 장
비즈니스 모델 특허의 충격

비즈니스 모델 특허란 무엇인가?

여러분은 요즈음 신문이나 잡지에서 자주 접하는 '비즈니스 모델 특허'가 무엇이라고 생각하는가.

그 이미지를 그려내기 위해서는 구체적인 사례를 직접 보는 것이 가장 좋은 방법일 것이다. 우선, 최근 화제로 떠오른 내용부터 살펴보기로 한다.

다음과 같은 사업 방식을 상상해 보기 바란다.

법률 관련 서적을 전문적으로 판매하고 있는 일본의 마루이 서점에 들른 손님이 『비즈니스 모델 특허 전략』이라는 책을 찾았다고 하자. 그러나 마루이 서점은 법률 관련 서적만을 전문적으로 취급하고 있기 때문에 『비즈니스 모델 특허 전략』이란 책은 이 서점에서 구입할 수 없다.

실제로 일본의 경우 이와 같은 사례는 흔히 있는 일이다. 때문에 마루이 서점은 근처에 있는 비즈니스 관련 서적을 전문으로 판매하는 마루시바 서점과 제휴를 맺어, 그와 관련된 분야의 책을 찾는

손님에게 마루시바 서점을 소개해주고 있다.

그 대신 마루이 서점에서 소개를 받은 사람이 마루시바 서점에서 책을 구입했을 경우, 마루시바 서점은 마루이 서점에게 소개비를 지급하고 있다.

이와 같은 사업 방식은 가까운 서점가에서 널리 이용되고 있는 상관습으로 자리잡고 있다.

그리고 이 상관습을 인터넷상의 가상 쇼핑몰끼리 이용하게 되면 더욱 간단하고 효과적으로 사용할 수 있게 된다.

고객은 서점을 직접 방문하지 않고 컴퓨터 앞에 앉아 자신이 자주 이용하는 법률 서적만을 전문으로 판매하는 서점 홈페이지에 접속해 원하는 비즈니스 관련 서적의 이름을 입력하면 자동적으로 비즈니스 서적 판매 홈페이지로 이동되기 때문이다.

이 때 비즈니스 서적 판매회사는 법률 서적 판매회사에 소개비로 매출의 일부를 지불하도록 한다면, 서점과 서점간의 이러한 협력 관계는 더욱 확산될 것이다.

실제로 이 인터넷판 '상점가 생활의 지혜'가 미국에서 특허로 인정된 일도 있다. 이것은 '비즈니스 모델 특허'라고 부를 수 있는 하나의 예라고 할 수 있을 것이다.

2000년 2월 22일, 인터넷상의 세계 최대 서점인 미국의 아마존닷컴사는 이를 특허로 제한하여, 미국은 물론 일본에서도 화제가 된 바 있다.

물론 이러한 비즈니스 모델(=비즈니스 방식)까지 특허로 인정하는 것에 대해서는 갖가지 다양한 견해가 있으며 문제점도 제시되고 있는 것이 사실이다.

그러나 이미 이 비즈니스 모델 특허 자체를 하나의 영업 전략으로 사용하고 있는 기업이 등장하기 시작한 것도 사실이다.

이와 같이 '비즈니스 모델 특허'란, 사회에 너무나도 밀착되어 있는 '비즈니스 모델'과 일반 사람들과는 그다지 관련이 없는 '특허'라는 것이 갑작스럽게 일체화된 것이라고 할 수 있겠다.

이러한 이유로 사람들 사이에서는 많은 기대와 불안이 교차되며 증폭되고 있는 현실이다.

학계나 산업계에서 정의하는 비즈니스 모델은, 제품·인적 구성·기술·자금 투자 등 사업 모델을 구성하는 모든 요소를 고려하여 사업 계획서를 만드는 과정(수익 모델)을 의미한다.

따라서 산업계 및 발명자의 혼동을 막기 위해 비즈니스 모델이 특허 대상이 아니라, 기술적 사상을 내재한 구체적 기술 수단(프로세서)으로 청구한 영업 방법(Business Method) 관련 발명이 특허 대상이 된다고 할 수 있다.

즉, 비즈니스 모델 특허는 이와 같은 영업 방법 관련 발명 특허의 개념으로 이해하면 된다.

이 책에서는 그 동안 너무나도 동떨어진 것으로 생각해왔던 '비즈니스 모델'과 '특허'의 내용을 확인하고, '비즈니스 모델'과 '특허'가 어떻게 해서 밀접한 관련을 갖게 되는지에 대해 이해를 돕도록 하였다.

또한 세계적으로 '비즈니스 모델 특허'를 둘러싸고 어떤 일들이 벌어지고 있는지에 대해 될 수 있는 한 많은 구체적 사례를 들어 설명해나갈 계획이다.

우선 제1장에서는 비즈니스 모델과 특허는 어떤 것인가를 대략적으로 살펴본 후에, 특허를 포함하는 지적재산권 제도란 무엇인가(제2장), 비즈니스 모델 특허의 역사는 어떻게 이루어졌는가(제3

장)에 대한 내용을 다루어, 비즈니스 모델 특허를 이해하는 데에 토대가 될만한 부분을 살펴볼 것이다.

계속해서 비즈니스 모델이란 무엇인가, 어떻게 해서 그것이 특허가 되는가(제4장)에 대해 검토하고, 매스컴에서 떠들썩하게 보도되고 있는 수많은 비즈니스 모델 특허의 구체적 사례와 그것을 둘러싼 쟁의(제5장)를 소개하고, 현실적으로 어떤 일이 일어나고 있는가를 보여줄 것이다.

더불어 앞으로의 동향을 지켜보며 비즈니스 모델 특허의 과제가 무엇인가(제6장)를 생각해보기로 하겠다.

그리고 마지막 장에서는 비즈니스 모델 특허에서, 특허를 비즈니스 전략에 활용하기 위한 계기를 만들어주는 존재로 인식하여 앞으로의 특허 비즈니스 전개를 전망해본다.

▼ 이 책의 구성

비즈니스 모델 특허의 충격
비즈니스 모델 특허란 무엇인가?

지적재산권, 그 첫걸음
지적재산권에 대해 알아보자

비즈니스 모델 특허의 어제와 오늘
비즈니스 모델 특허는 갑자기 만들어진 것이 아니다

비즈니스 모델 특허의 개발
비즈니스 모델 특허를 개발하려면

비즈니스 모델 특허의 출원 쇄도와 분쟁
날로 심화되는 비즈니스 모델 특허 분쟁

비즈니스 모델 특허의 과제
산적하는 비즈니스 모델 특허를 둘러싼 문제점

비즈니스 모델 특허의 향후 방향
비즈니스 모델 특허 비즈니스는 이렇게 바뀐다

비즈니스 모델 특허의 등장

1998년 8월, 프라이스라인사의 역경매 아이디어가 특허로 인정된 후, 프라이스라인사가 같은 아이디어를 사용한 마이크로소프트사를 특허 침해로 제소하는 사건이 일어났다.

프라이스라인사는 워커디지털사라는 비즈니스 모델 특허 취득 및 그 사업화를 목적으로 하는 벤처기업의 자회사로, 인터넷상에서 항공권 등의 판매 중개 일을 담당하고 있다.

역경매 특허란, 일반 경매와는 반대로 구매 희망자(buyer)가 자신이 희망하는 가격 등을 지정하고, 판매 측(seller)이 그에 응하는 식의 구조에 관한 특허이다.

또한 이와 시기를 같이하여 인터넷 서적 판매의 선구자 격인 아마존닷컴사가 같은 업계인 반즈 앤드 노블사를 상대로 특허 침해 소송을 냈으며, 반즈 앤드 노블사에게는 관련 컴퓨터 시스템의 사용 금지 가결정이 내려졌다.

아마존닷컴사의 특허는 이전에 아마존닷컴사에서 물건을 산 고객의 상품 배달처나 대금 청구처를 손쉽게 검색할 수 있는 아이디어에 관한 것이다.

이러한 업계의 동향을 계기로 비즈니스 모델 특허에 대해 여러 의논이 벌어지고 있다. 그렇다면 비즈니스 모델(=비즈니스 방식)까지도 실제 특허로 인정될 수 있는 것일까?

일본에서 특허란, '출원 전에 공식적으로 알려지지 않은'(신규성), '기술적인 진보가 있는'(진보성) 기술에 주어지는 것을 의미한다. 이러한 사고 방식 자체는 세계 거의 대부분의 나라에서도 비슷하게 적용되고 있다.

특히 '진보성'에 대해서는 '일반적으로 전문가가 특허를 출원하는 시점에서의 기술 수준부터 쉽게 여기지 않을' 만한 진보가 있어야 한다고 되어 있다.

프라이스라인사의 역경매 특허의 특징이라고 할 수 있는, 처음 물건을 구입하는 사람이 희망 구입 가격을 제시하고 그 이하의 가격에서 가장 낮은 가격을 제시할 수 있었던 판매자가 판매 권리를 갖는다는 이 시스템에는, 과연 '지금까지의 기술 수준부터 쉽게 여기지 않을' 만한 진보가 있는 것일까?

또한 애초부터 진보성 있는 '기술'로 받아들여야 하는 것인가? 아니면 단순히 '사고 방식'에 지나지 않는 것으로 해석할 수도 있을 것이다.

따라서 지금부터는 역경매 등의 방식을 '기술'로 인정해야 하는지의 여부나 진보성 유무의 문제에 대해 신중히 검토함으로써, 미국에서는 역경매나 고객 정보의 재이용과 같은 비즈니스 방식에 관한 특허가 인정되는 것임을 확인하고 이야기를 진행시켜 나갈 것이다.

비즈니스 모델 특허가 창출해내는 가치

　1999년 3월, 프라이스라인사는　나스닥에 주식을 공개한 이후 5
월에는 한 주당 150달러까지 치솟는 놀라운 기록을 보였다. 그 뒤
서서히 하락하기 시작해 2000년 2월 기준으로 60달러 수준에서 맴
돌고 있다.

　넷 벤처에서는 흔히 볼 수 있는 일이지만, 프라이스라인사의 경
영은 현재 적자 상태에 있다. 2000년도 영업 실적 역시 적자 경영
이 될 것이라는 예상 발표가 있었고, 흑자 전환이 되는 시점은 2001
년도부터라는 계산이 나오고 있다.

　이 회사의 주식이 주당 60달러까지 하락했다고는 해도, 적자 회
사에서 이 정도의 주가가 형성된다는 것은 미래의 경영 실적에 큰
기대를 걸고 있다는 것을 암시해준다고 할 수 있다.

　프라이스라인사의 경우, 역경매에 관한 비즈니스 모델 특허를
적극적으로 선전하였고, 이 비즈니스 모델 특허가 주가가 높게 거
래될 수 있도록 하는데 큰 영향을 미치는 요인으로 작용했다고 분

석할 수 있겠다.

왜냐하면 역경매라는 비즈니스 방식이 특허로 인정되어 널리 보호받게 될 경우, 프라이스라인사는 세계에서 유일한 역경매에 관한 특허를 보유하는 기업이 되기 때문이다.

그리고 이제까지의 특허료 수입의 사례와는 규모가 다른 막대한 특허료 수입을 얻게 되거나, 역경매에 관한 모든 비즈니스를 자사 산하로 제한할 가능성도 결코 배제할 수 없다.

그렇게 생각한다면 현재 경영 실적이 적자라 하더라도 60달러의 주가는 결코 무리가 아니라는 계산이 나온다.

실제로 프라이스라인사는 마이크로소프트사를 특허 침해로 제소했고, 이 재판의 판결 여하에 따라 비즈니스 모델 특허의 특허 범위가 문자 그대로 비즈니스의 일반적인 방식을 가리키는 것으로 바뀔 가능성도 있다.

그렇다면 왜 특허에 관한 법률이 있는데도 보호를 받게 되는지 여부를 확실하게 알 수 없는 것인가 하고 의아해하는 이도 있을 것이다. 대개 이제까지의 역사를 살펴보면 특허의 범위에 대해서는 그 시대나 국가에 따라 크게 변화해왔다는 것을 발견할 수 있다.

예를 들어 유명한 미싱 기술에 관한 특허 싸움은 관련 특허를 다수 확보하고 있던 싱어사의 독점금지법 위반으로 결론이 났다.

그러나 현재의 특허 우세 상황에서는 반대의 결과가 나올 수도 있다(특허 보호 범위 변천에 대해서는 제2장 '지적재산권, 그 첫걸음'에서 자세히 살펴보기로 한다).

따라서 비즈니스 모델 특허가 창출해내는 가치는 특허가 인정받을 수 있는 범위에 달려있다고 할 수 있을 것이다. 넓은 범위에서 인정된다면 창출 가치도 무한대로 확대된다는 이론이 성립된다.

비즈니스 모델 특허를 둘러싼 분쟁

    비즈니스 모델 특허가 인정을 받게 되면 비즈니스 모델 특허를 우선 제한하고, 그것을 하나의 영업 전략으로 활용하여 비즈니스를 하는 기업도 등장하게 된다.

    결국 비즈니스 모델 특허를 가지고 있는 기업은 대기업을 상대로 싸움을 거는 격이 되고, 거기에는 당연히 비즈니스 모델 특허를 둘러싼 분쟁이 발생하게 된다.

    다음 페이지의 '비즈니스 모델 특허를 둘러싼 분쟁'의 표는 이러한 분쟁의 주된 사례를 모은 것이다.

    이와 같은 분쟁은 앞으로 더욱 증가할 것으로 예측된다(비즈니스 모델 특허를 둘러싼 분쟁에 대해서는 제5장 '비즈니스 모델 특허의 출원 쇄도와 분쟁'에서 자세히 살펴보기로 한다).

    비즈니스 모델 특허에 대해 아무 것도 모르고 비즈니스를 하게 되면 어느 날 갑자기 특허 침해에 관한 경고장이 날라오고, 그 경고장을 무시했다가는 막대한 손해배상을 청구당하게 되는 일도 현

▼ 비즈니스 모델 특허를 둘러싼 분쟁

- **프라이스라인사 vs 마이크로소프트사(1999년 10월)**
  역경매에 따른 상품 구매 기술에 관하여

- **아마존닷컴사 vs 반즈 앤드 노블사(1999년 10월)**
  재구입 고객의 주문을 간편화하는 기술에 관하여

- **에이소프트웨어사 vs 무료 인터넷 접속 서비스 제공 각사(1999년 8월)**
  홈페이지상에 표시되는 광고에서의 광고 수입에 따른 무료 인터넷 접속 특허에 관하여

- **SBH사 vs 야후사(1999년 11월)**
  단일 쇼핑 카트에서의 복수 온라인 쇼핑몰 구매·결제 기술에 관하여 (SBH사는 개인 발명가의 대리인)

- **더블클릭사 vs L90사(1999년 11월)**
  인터넷상에서의 광고 배급과 광고 효과 산정 기술에 관하여

실적으로 일어날 수 있는 상황이다.

물론 당연한 일이겠지만 대기업도 이러한 상황을 강 건너 불구경하듯 보고만 있을 수는 없는 노릇이다. 때문에 자기 방어를 겸하여 비즈니스 모델 특허 출원에 매달리고 있다.

그 결과, 비즈니스 모델 특허 출원은 확대 일로를 걷고 있다.

현재 미국이나 유럽, 일본 등에서도 벤처기업뿐 아니라 일부 유명 기업에서도 비즈니스 모델 특허에 대한 대응을 강화하기 시작했다.

비즈니스 모델 특허의 정의

그렇다면 비즈니스 모델 특허란 무엇일까?

비즈니스 모델 특허란, 이름 그대로 비즈니스 모델에 대한 특허이다. 미국의 지적재산권 교과서에서는 '비즈니스 방식'에 대한 특허라는 표현이 나오기도 한다. 즉, 비즈니스의 방식(방법)에 관한 특허인 것이다. 그러나 특허의 분류상 '비즈니스 모델 특허'라는 카테고리는 없다.

특허에는 국제특허분류(IPC = International Patent Classification)라는 분류가 있다.

일본의 경우, 이 IPC를 좀더 세분하기 위해 파일인덱스(FI)나 파일텀(FT)이라는 색인을 달아놓았다.

미국에서는 독자적으로 미국 특허 분류 체계 색인(Index to the U.S. Patent Classfication System)을 두고 있다.

IPC나 일본의 색인 가운데에는 '비즈니스 모델'이라는 카테고리가 존재하지 않는다.

또한 '데이터 처리 : 재무상, 비즈니스 수행상, 관리상 또는 비용·가격 등의 결정에 있어서'라고 정의되는 미국 특허 분류 색인 705를 비즈니스 모델 특허라고 부르는 경우도 있다.

그렇지만 미국 특허 분류 색인 705로 분류되는 것이 비즈니스 모델 특허의 필요 조건일 수는 없다.

일본에서 채용하는 IPC의 경우, G(물리학)에서 G06F(전기적 디지털 데이터 처리), 그리고 그 가운데 G06F17/60(관리 목적, 업무 목적, 경영 목적, 감독 목적 또는 예측 목적인 것)의 카테고리가 비즈니스 모델 특허에 가장 가까운 것이라고 생각된다.

그러나 이것 역시 위의 카테고리로 분류되는 것이 비즈니스 모델 특허의 필수 요건이 될 수는 없다.

그렇다면 특허법에서는 어떻게 받아들이고 있는가?

1999년 11월에 성립된 미국 특허법에는 '비즈니스를 실시하는 방법'(a method of doing or conducting business)라는 표현이 나온다. 하지만 이에 대해서도 구체적으로 어디까지를 의미하는 것인지는 명확하게 설명해놓지 않았다.

일본 특허청에서는 비즈니스 모델 특허(특허청 용어로는 '비즈니스 관련 발명')를 소프트웨어 관련 발명으로 받아들이고 있다. 그러나 소프트웨어 관련 발명에 대한 특허 요건 자체가 명확하다고는 할 수 없는 상태이다.

이와 같이 '비즈니스 모델 특허'라는 확고한 카테고리가 존재하지 않고, 법률에서도 필요 요건이 명확하게 정의되지 않는 것이 비즈니스 모델 특허의 실태이다.

비즈니스 모델 특허 취득까지의 장벽

비즈니스 모델뿐 아니라 특허를 취득하기 위해서는 몇 가지 요건(장벽)을 해결해야 할 필요가 있다. 비즈니스 모델 특허에 관해서도 이 장벽을 넘게 되면 특허를 취득하는 것으로 볼 수 있다.

특허성의 장벽

우선 첫째로 '특허성'의 유무를 들 수 있다. 특허라는 제도의 본질에서부터 아무리 훌륭한 것이라 해도 특허가 되지 않는 카테고리가 존재한다.

미국에서는 "subject matter" 또는 "patent eligibility" 등으로 알려진 장벽을 그 예로 들 수 있다. 1981년에 미 연방 최고재판소는,

① 자연 법칙(laws of nature)

② 자연 현상(natural phenomena)

③ 추상적 아이디어(abstract idea)

의 세 개의 카테고리는 특허 보호를 받을 수 없는 것으로 판결했다 (Diehr 판결).

일본 특허법에서의 경우 발명은, '자연 법칙을 이용한 기술적 사상의 창작 가운데 고도의 것을 의미한다'(특허법 제2조 제1항)고 되어 있고, 자연 법칙을 이용하지 않는 단순히 인위적인 결정 등은 포함하지 않는다고 명시되어 있다.

여기서 말하는 자연 법칙이란, '공중에서 손에 있던 물체를 놓으면 지면을 향해 떨어진다', 또는 '어떤 물체가 장애물에 부딪히게 되면 앞으로 나가지 못한다'는 법칙을 말한다.

예를 들어 영업 시간을 하루걸러 혹은 한 시간 걸러 개점·폐점 하는 비즈니스 방식은 인위적인 결정이기 때문에, 일본의 경우에는 특허의 대상으로 인정할 수 없다는 것이다.

또한 자연 법칙을 이용하지 않는 단순한 발견도 특허의 대상이 될 수 없다.

뿐만 아니라 기술적이지 않은 것도 특허를 취득할 수 없다. 이는 '반복 가능성'이나 '실시 가능성'의 요건으로 분류된다.

누가, 언제 하더라도 같은 결과나 나오는 것이 필요 조건이라는 것이다. 그러므로 소위 비장의 기술이나 비술(秘術)류에 해당하는 것은 특허의 대상이 될 수 없다.

신규성·진보성의 장벽

앞에서도 언급한 바와 같이 특허에는 반드시 '신규성'과 '진보성'

이 요구된다.

특허성이 인정되는 내용이라도 이미 세상에서 공식적으로 실시되었거나 문헌에 소개된 적이 있을 경우에는 특허가 될 수 없다. 이것이 신규성(novelty)의 문제이다.

그리고 또 하나의 장벽은 일본에서는 진보성, 미국에서는 비자명성(non-obviousness)이라고 부르는 요건이다.

결국 해당 분야의 사람이 보고 쉽게 떠올릴 만한 것은 특허로 인정할 수 없다는 것이다. 따라서 이미 특허가 인정된 듯한 내용을 약간 변경한 정도로는 특허를 취득할 수 없다.

비즈니스 모델 특허 요건의 장벽 높이가 낮아지고 있다

이처럼 특허는 신규성·진보성의 장벽을 넘어설 때만 특허로 인정된다. 따라서 비즈니스 모델 특허에 관해서도 똑같은 요건이 요구된다.

그러나 요건은 같아도 장벽의 높이는 바뀌고 있다. 일괄적으로는 말하기 어렵지만 대체로 특허 요건이 낮아지는 경향을 보이고 있는 것이다.

이러한 경향이 있기 때문에 비즈니스 모델 특허라는 관점에서 이만큼 주목받게 된 것이라고 할 수 있을 것이다.

특허의 장벽이 낮아지고 있는 배경에는 다음의 두 가지 이유를 들 수 있다.

첫째로, 특허 취득 범위가 변화해왔다는 점을 들 수 있다.

이는 미국이 프로 페턴트 정책(특허 중시·특허 옹호 정책) 하에

▼ 비즈니스 모델 특허를 취득하기까지 넘지 않으면 안 될 장벽이…

널리 특허를 인정해 온 사실에 영향을 받고 있다. 이제까지는 '당연히 특허가 될 수 없다'고 여겨졌던 것까지 특허로 인정받을 수 있게 되었다.

즉, 기존에는 특허 대상으로 생각할 수 없었던 비즈니스 모델 특허도 특허로 인정받을 수 있게 된 것이다. 시대의 변화에 따라 특허성이라는 장벽이 낮아진 것이다.

그러나 여기서 주목해야 할 것은 특허성의 장벽은 낮아져도 신규성·진보성의 장벽은 결코 낮아지지 않는다는 사실이다.

지금까지보다 특허의 범위가 광범위해졌을 뿐 아니라, 특허로 인정되지 못했던 아이디어(모델)가 특허로 인정된다 하더라도, 그 아이디어가 특허로 인정받기 위해서는 신규성과 진보성이 반드시 요구된다.

두 번째 이유는 비즈니스 모델은 단순한 아이디어의 영역을 넘어서는 것이 쉽지 않고, 특허 제도가 요구하는 '자연 법칙의 이용'이나 '기술적 사상의 창작'에 맞지 않는 데에 있다.

그러나 컴퓨터의 발전과 함께 비즈니스에 널리 이용되어 네트워크화가 급속히 진전하는 가운데 비즈니스 모델이 정보 시스템과 융합하는 현상이 나타났다.

이에 따라 비즈니스 모델이 단순한 아이디어가 아니라 '자연 법칙의 이용'이나 '기술적 사상의 창작'에 해당한다고 생각하게 된 것이다.

이러한 두 가지 이유가 요인이 되어 비즈니스 모델에 특허라는 새로운 보호의 길이 열리게 되었다.

이제 일본 특허청의 방침을 토대로 어떤 것이 비즈니스 모델 특허가 되는지에 대해 살펴보기로 하자.

특허청의 비즈니스 모델 특허에 대한 방침

일본 특허청이 비즈니스 모델 특허에 대해 어떤 방침을 내놓고 있는지, 특허청 자료를 통해 살펴보도록 하자.

● **특허청의 비즈니스 관련 발명에 관한 방침**(특허청 자료에서 발췌)

최근, 퍼스널 컴퓨터의 보급과 인터넷 등의 사회 기반 정비가 진행됨에 따라 범용 컴퓨터나 기존의 네트워크 등을 이용한 새로운 비즈니스 방침과 관련된 발명(이하 '비즈니스 관련 발명')이 활발히 전개되고 있다.

'비즈니스 방침'의 정의에 대해서는 반드시 관계자간의 의견일치를 얻어야 하는 것은 아니지만, 이 비즈니스 관련 발명의 대부분은 소프트웨어와 관련된 발명의 한 형태로 받아들일 수 있다고 인식되고 있다.

이 때문에 특허청에서도 이전부터 '특허 기술 분야 심사의 운용 방침 제1장 컴퓨터 소프트웨어 관련 발명'을 토대로 심사를 해왔고, 이미 특허 등록된 것 중에는 오늘날 비즈니스 관련 발명으로 인식되는 것도 포함되어 있다.

즉, 어떤 과제를 해결하기 위해서 컴퓨터의 하드웨어 자원을 이용하여 처리하는 등의 요건을 충족시키면, 비즈니스 관련 발명 여부에 상관없이 소프트웨어 관련 발명으로 특허의 대상이 된다.

이러한 경우, 인간이 하는 업무를 시스템화하여 컴퓨터로 실현하려는 것은 일반적인 시스템 분석 기법 및 시스템 설계 기법을 이용한 일상적인 작업으로 가능할 정도의 일이라면, 그 발명이 속하는 기술 분야에서의 통상적 지식을 갖고 있는 사람의 통상적인 창작 능력의 발휘에 해당하는 것부터 진보성의 요건을 충족시키지 않고 특허성이 부정된다.

이상의 내용을 정리해보면 다음의 세 가지로 요약할 수 있다.
① 비즈니스 모델 특허가 무엇인가에 대해 의견일치를 보기는 어렵다.
② 현시점에서는 소프트웨어에 관한 특허 기준에 따라 심사한다.
③ 일반적 시스템 분석·설계에 나오는 이상의 창작이어야 한다.
현재 일본에서 인정되는 비즈니스 모델 특허는 소프트웨어에 관한 특허와 같은 것으로 생각해도 좋다.

소프트웨어 특허

일본에서 비즈니스 모델 특허를 생각하려면 소프트웨어 특허의 구조를 알아둘 필요가 있다.

특허청은 소프트웨어 특허로 청구할 수 있는 조건으로 다음의 세 가지를 들고 있다(44페이지 '특허 청구의 범위' 칼럼 참조).

① 방법의 카테고리

② 물건의 카테고리

③ 프로그램 또는 데이터를 기록한 기록 매체의 카테고리

또한 특허를 취득할 수 있는 발명의 요건으로, 발명이 '자연 법칙을 이용한 기술적 사상의 창작인' 것을 들고 있다. 그리고 소프트웨어가 '자연 법칙'을 이용하는지, 이용하지 않는지의 판단 기준의 예로 다음의 세 가지를 들고 있다.

① (발명이) 하드웨어 자원에 대한 제어 또는 제어에 따른 처리이다.

② (발명이) 대상의 물리적 성질 또는 기술적 성질에 근거하는

정보 처리이다.

③ (발명이) 하드웨어 자원을 이용하여 처리하는 것이다.

요컨대 일본 특허청의 경우 '방법', '물건' 그리고 '기억 매체'도 특허가 된다.

그러나 ②의 예에 착안한다면 꼭 하드웨어 자원을 이용하거나 제어하지 않아도 된다고 주장하고 있다(소프트웨어 특허가 어떻게 확대되어온 것인지에 대해서는 90페이지의 '소프트웨어 특허의 흐름' 참조).

'물리적 성질', 즉 떨어지거나 부딪히거나 하는 물건에 관한 성질이나 '기술적 성질', 다시 말해 빨리 한다거나 딱 맞춘다거나 하는 무언가를 보다 더 잘할 수 있는 것에 관한 성질에 대한 정보 처리는 특허가 될 수 있다.

물리적 성질에 대한 정보 처리는 아무래도 물건에 대한 제어(예를 들어, 움직이게 하거나 멈추게 하는 것 등)를 포함할 필요가 있지만, 기술적 성질은 가장 이상적인 해법을 구하는 등의 정보 처리도 대상이 된다. 그리고 가장 이상적인 해법을 구하는 등의 정보 처리는 바로 비즈니스 모델 특허가 다루는 영역이다.

예를 들면 '가장 싼 가격의 상품을 찾아내는' 정보 처리도 소프트웨어에서 할 경우 가장 작은 가격이 붙는 상품을 특정하는 기술적 성질이라고 할 수 있을 것이다. 그러면 '가장 싼 가격의 상품을 찾아내는' 비즈니스 구조 자체도 가능성으로는 특허가 될 것이다.

그러나 앞에서도 언급한 바와 같이 특허로 인정받기 위해서는 신규성(최초의 것)과 진보성(쉽게 발견할 수 없는 일이나 물건)이 필요하다.

'가장 싼 가격의 상품을 찾아낸다'는 정보 처리는 신규성과 진보

▼ 가장 싼 상품을 특정하는 정보 처리에도 특허 가능성이 있다

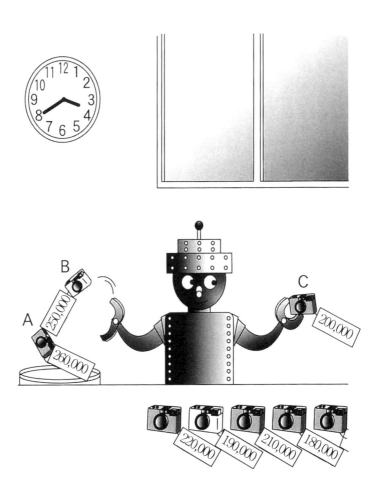

성이 있을 때에 비로소 특허가 된다.

그렇다면 다음과 같은 정보 처리는 특허로 인정받을 수 있는 것일까.

"몇 개의 상품 중 어느 하나를 골라 그 가격을 정하고, 다음에 선택한 상품의 가격과 비교한 다음 값이 가장 싼 쪽의 상품을 남긴다. 이런 식으로 마지막 상품까지 가격 비교를 반복한 후 가장 싼 상품을 찾아낸다."

이 방법도 가장 싼 가격의 상품을 찾아내는 정보 처리임에는 틀림이 없다. 하지만 누구나 생각해낼 수 있는 범위를 벗어나지 못하고 있다고 여겨진다.

가장 싼 가격을 찾아내기 어려운 상품의 상태(예를 들어, 인터넷상에서 가격의 범위가 너무 광범위한 경우)이고, 그 가운데 기존의 것과 비교해서 더 빠르고 또는 간편하고 정확하게 정보를 처리하여 가장 싼 가격의 상품을 찾아내는 방법이라면 특허의 자격이 있다고 할 수 있겠다.

특허청 소프트웨어 특허 범위에 대한 설명은 다음과 같다.

① 방법의 카테고리

소프트웨어 관련 발명은 시계열적으로 연결된 일련의 처리 또는 조작, 즉 '순서'로 표현할 수 있을 때는 그 '순서'를 특정함으로써 '방법' 카테고리의 발명으로서 청구항에 기재할 수 있다. 단, 청구항 기재 결과 특허를 받고자 하는 발명에 대해 해당업체가 명확하게 파악할 수 없는 경우에는 특허법 제36조 제6항 제2호 위반에 해당된다.

② 물건의 카테고리

소프트웨어 관련 발명은 그 발명이 해내는 하나 또는 둘 이상의 기능에 따라 표현할 수 있을 때는 그 기능을 특정함으로써 '물건' 카테고리의 발명으로서 청구항에 기재할 수 있다. 단, 청구항 기재 결과 특허를 받고자 하는 발명에 대해 해당업체가 명확하게 파악할 수 없는 경우에는 특허법 제36조 제6항 제2호 위반에 해당된다.

③ 프로그램을 기록한 컴퓨터 해독 가능 기록 매체(이하, '프로그램을 기록한 기록 매체'라고도 함), 또는 구조가 있는 데이터가 기록된 컴퓨터 해독 가능 기록 매체(이하, '구조가 있는 데이터가 기록된 기록 매체'라고도 함).

'프로그램이 기록된 기록 매체' 또는 '구조가 있는 데이터가 기록된 기록 매체'는 '물건' 카테고리의 발명으로서 청구항에 기재할 수 있다. 다음의 예와 같이 기재하여 '물건' 카테고리의 발명인 '프로그램이 기록된 기록 매체', 또는 '구조가 있는 데이터가 기록된 기록 매체'를 기능적으로 특정할 수가 있다(단, 다음의 예 1~4와 같이 기재한다 해도 곧바로 '발명' 요건이 충족되는 것은 아니다).

예1 '컴퓨터에 순서A, 순서B, 순서C, …를 실행시키기 위한 프로그램을 기록한 컴퓨터 해독 가능 기록 매체'

예2 '컴퓨터를 수단A, 수단B, 수단C, …를 기능화하기 위한 프로그램을 기록한 컴퓨터 해독 가능 기록 매체'

예3 '컴퓨터에 기능A, 기능B, 기능C, …를 실현시키기 위한 프로그램을 기록한 컴퓨터 해독 가능 기록 매체'

예4 'A구조, B구조, C구조, …를 갖는 데이터가 기록된 컴퓨터 해독 가능 기록 매체'

또한 자연 법칙에 해당되지 않는 것은 다음과 같다.

① 수학적 해법
② 자연 법칙 자체
③ 자연 현상
④ 자연 법칙 또는 자연 현상의 수학적 표현($E = Mc^2$ 등)
⑤ 인문과학에만 관련된 것

어떤 비즈니스 모델도 특허가 될 수 있나?

일반적으로 비즈니스 모델이란, 고객 대상 분석, 고객에게 접근하는 방법, 가격 설정, 생산 방식, 상품과 서비스의 물류 수단, 대금 회수 방법 등 비즈니스의 일련의 과정을 말한다.

그러나 비즈니스 모델 특허 중 이러한 일련의 비즈니스 과정 전체에 걸친 특허는 아직 없다.

비즈니스 모델 특허라고 부르는 특허의 대부분은 컴퓨터 네트워크상에서의 결제 방법이나 가격 산정 방법, 물류 시스템, 생산 시스템 등 비즈니스 모델 전체 가운데서도 주요한 모듈에 관한 것에 머물고 있는 실정이다.

다시 말해, 비즈니스 모델 특허를 말할 때의 비즈니스 모델은, 사회에서 일반적으로 말하는 비즈니스 모델의 개념보다는 상당히 좁은 의미에서의 비즈니스 모델을 가리키는 것이다.

단, 비즈니스 모델 특허를 몇 가지 조합하여 어떤 업계의 주요 비즈니스 구상을 모두 막아버리는 일은 가능하다.

또한 특허의 시점에서 생각하면 이제까지 공표 되지 않았던 발명이어야 한다. 하지만 비즈니스 구상에 대해서는 경제학이나 경영학에서 논의된 이후 사고 방식 자체는 이미 공표 되고 있는 것이 일반적이다.

단, 공표된 비즈니스 사고 방식도(일본 특허청 기준으로 본다면) 하드웨어를 제어하는 등의 관점으로는 이야기할 수 없다.

일반적으로 경제학이나 경영학 논문에 하드웨어의 구상까지 논하고 있는 경우는 없다. 따라서 공표 되고 있는 사고 방식을 특허의 관점에서 재기술하지만, 특허로 성립될 수 있는지의 여부에 대해서는 의견이 분분하다.

특허로 인정되는지 여부의 중요한 판단 기준 중 하나가 처음에도 언급한 바 있는 '진보성'이다.

그러나 일반적으로 널리 알려져 있는 비즈니스 구상이라도 처리 방식이 단연 효율적이며 사용하기 쉬운 경우에는 특허가 될 수 있다는 사고 방식도 있다.

특히 인터넷을 이용한 비즈니스 구상은 사고 방식이 이제까지의 것과 유사해도 효율이 눈에 띄게 좋아진다는 의미에서 가능성을 내포하고 있다.

현재, 비즈니스 인프라가 인터넷을 이용한 것으로 바뀌어가고 있다. 그렇기 때문에 인터넷을 이용한 비즈니스 구상은 사고 방식이 이제까지와 같아도 효율이 향상되는 시점에서 특허화 대상이 될 수 있다.

비즈니스 모델 특허의 가능성

비즈니스 모델 특허에 관심이 모아지는 최대의 이유는, 역시 비즈니스 구상 자체를 권리화함으로써 기대되는 수익이 크기 때문일 것이다.

그리고 그 기대되는 높은 수익이 개발 경쟁을 유도해 비즈니스 모델 자체가 진화되는 것이야말로 비즈니스 모델 특허가 실현하는 진정한 가치라고 할 수 있다. 즉, 경쟁이 있기 때문에 진화가 있는 것이다.

좀더 구체적인 시점에서 살펴보기로 하자.

비즈니스 모델 특허는 벤처기업에 강한 동기를 부여해주고 있다. 왜냐하면 벤처기업은 비즈니스 모델에 대한 특허를 취득함으로써 자금 조달의 기회를 잡을 수 있기 때문이다.

투자하는 측에서도 단순한 아이디어가 아니라 아이디어를 독점적으로 실시할 수 있는 권리는 투자의 대상으로 평가하기 쉽다. 게다가 특허로 권리화되는 것 자체가 비즈니스 모델의 가치를 높이는 일이라고도 할 수 있다.

비즈니스 모델 특허의 매력을 정리해보면 다음의 세 가지로 요약할 수 있다.

① 자금 조달에 공헌한다
② 독점적으로 실시권을 확립할 수 있다
③ 부가가치를 높일 수 있다

물론, 비즈니스 모델 이외의 특허, 예를 들어 바이오 특허 등도 마찬가지이다.

그러나 비즈니스 모델 특허가 큰 매력과 가능성을 갖는 것은 보다 구체적인 비즈니스에 가까운 형태의 특허이기 때문이다.

하나 하나의 요소 기술에서는 다양한 비즈니스에 공헌할 수 있는 반면에 구체성이 결여되어 있다. 이 점에서 비즈니스 모델 특허는 비즈니스 구상의 형태가 될 만큼 가치를 인정받기 쉬운 것이다.

하지만 기술(특허)을 비즈니스와 결부시키는 것은 결코 쉬운 일이 아니다. 미국의 많은 하이테크계 벤처들도 전문 경영인을 초빙하고 있다. 그 이유는 비즈니스의 성공을 거머쥐기 위해서는 휴먼 네트워크도 매우 중요하기 때문이다.

그런 의미에서 비즈니스 모델 특허가 반드시 비즈니스 성공을 약속하는 것은 아니다. 하지만 비즈니스의 출발점으로서는 매우 강력한 도구가 된다고 할 수 있겠다.

비즈니스 모델 특허는 벤처기업에 바람직한 요소로 작용할 뿐 아니라 대기업들에는 강한 위협의 대상이 되고 있다.

이미 대규모 기업들도 비즈니스 모델 특허 분야에 손을 대기 시작했다. 그렇지만 개발 자체에 비용이 들지 않기 때문에 벤처나 대기업 모두 비즈니스 모델 특허 개발에 대해서는 대등한 입장에 있다고 할 수 있다.

더구나 비즈니스를 실현하는 데에도 인터넷상의 비즈니스는 많은 영업 사원을 확보하고 있지 않아도 된다. 실제로 몇 안 되는 개발 요원만으로도 비즈니스를 전개할 수 있는 것이다.

이제 정보 기술 혁명으로 '적음(小)'이 '많음(大)'를 제압하는 통쾌한 비즈니스가 실현 가능한 것이다.

특허 취득 방법에 대해서는 많은 서적이 출판되어 있으므로 이를 참조하기 바란다. 여기서는 대략적인 흐름만을 간단히 살펴본다.

① 특허가 될 만한 발명을 생각해낸다

이것이야말로 진정한 발명이며, 이 부분에 경의를 표하고 특허를 권리로 인정하는 것이다. 그러나 실제로는 생각해내는 일보다도 특허를 성립시키는 것이 몇 배나 더 어려운 일이다.

② 특허 조사를 한다

이미 출원되었거나 성립된 특허는 아닌지, 또한 특허 기간이 지나 공지된 기술은 아닌지, 같은 기술이 공식적으로 발표되지는 않았는지(논문 등으로) 등을 조사해봐야 한다. 이미 출원된 몇천 건이나 되는 특허를 조사해야 하는 경우도 있다.

일본의 경우는 출원한 지 1년 반 동안은 특허가 비공개로 진행되기 때문에 조사를 해도 반드시 유사하거나 동일한 특허를 발견할 수 없는 경우가 있다.

③ 특허명세서를 작성한다

조사를 끝낼 즈음, 특허의 내용을 확정하고 특허명세서를 작성한다.

④ 특허를 출원한다

출원료에 맞춰 특허명세서를 특허청에 출원한다.

⑤ 특허 심사를 청구한다

출원시 반드시 심사를 청구할 필요는 없다. 특허 조사가 실시된 시점에서 비공개였던 특허가 공개되는 것을 기다렸다가 내용을 확인하거나 최신 기술 동향에 입각하여 내용을 수정한 다음, 심사 청구를 할 수도 있다.

⑥ 심사 결과, 거절 이유 통지를 받은 경우 의견서나 보정서를 제출한다

대부분의 특허는 처음에 거절당한다고 보는 것이 좋다. 이에 대하여 의견서나 보정서를 제출하여 특허로 인정받을 수 있도록 대응한다.

⑦ 특허료를 납부한다

심사관에게 특허로 인정받으면 특허 사정 통지를 받게 된다. 이후 특허료를 납부하고 특허권 설정 등록을 함으로써 특허 공보에 게재된다.

⑧ 이의 신청을 받았을 경우 보정서나 정정서를 제출한다

특허 공보에 공개되면 관계자로부터 그 특허에 대해 이의 신청을 받게 되는 경우가 있다. 예를 들어 특허 기술이 널리 일반적으로 공개되었다 등의 내용으로 이의 신청이 들어온다. 이에 대해서도 의견서나 정정서를 제출하여 대응한다. 특허 공보에 공개되어 이의 신청을 논파하고, 6개월이 경과하면 특허의 효력이 확정된다.

▼ 특허 취득 방법

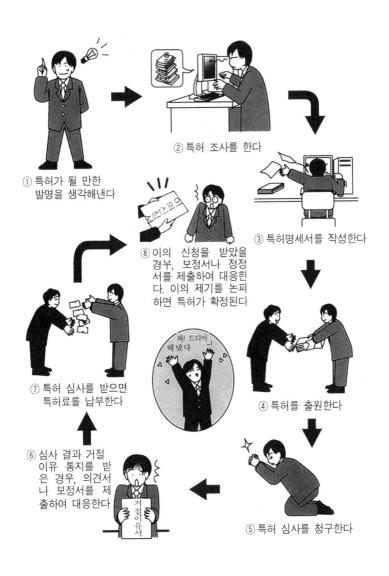

① 특허가 될 만한 발명을 생각해낸다

② 특허 조사를 한다

③ 특허명세서를 작성한다

④ 특허를 출원한다

⑤ 특허 심사를 청구한다

⑥ 심사 결과 거절 이유 통지를 받은 경우, 의견서나 보정서를 제출하여 대응한다

⑦ 특허 심사를 받으면 특허료를 납부한다

⑧ 이의 신청을 받았을 경우, 보정서나 정정서를 제출하여 대응한다. 이의 제기를 논파하면 특허가 확정된다

▼ 특허청 홈페이지(http://www.kipo.go.kr/)

제 2 장
지적재산권, 그 첫걸음

지적재산권 제도의 본질에서 시작하자

최근 들어 '지적재산권', '공업소유권', '특허', '저작권', '비즈니스 모델 특허', '소프트웨어 특허' 등의 말을 자주 접하거나 듣게 된다.

그러나 이런 단어들이 도대체 비즈니스와 어떤 관계가 있는지, 대부분의 사람들은 '이런 말들의 의미를 정확히는 모른다' 또는 '말은 알지만, 이 단어들의 관계는 잘 모른다'는 대답을 종종 듣게 되는 경우가 많다.

이 책의 주요 테마는 비즈니스 모델이 '특허'로 어디까지 보호되는가 하는 점에 있다.

이 점에 대해 생각해 나가다 보면 역시 마지막에는 '특허'가 갖는 본래의 취지는 무엇인가, 비즈니스 모델은 '지적재산권 제도'와 밀접한 관계가 있는가 하는 본질론으로 돌아가게 된다.

그러므로 비즈니스 모델 특허의 구체적인 논의에 들어가기 전에 '지적재산권', '특허'라는 말이 그다지 익숙하게 느껴지지 않는 독자를 위해 간단하게 살펴보기로 하겠다.

지금, 세계는 지적재산권 시대

왜 지금, '지적재산권'인가?

하드웨어 세계가 극심한 비용 경쟁을 벌이고 있는 가운데, 소프트웨어, 컨설팅, 금융 파생 상품 등으로 대표되는 정보와 지식의 지적재산권을 이용한 서비스가 급속히 증가하고 있다.

이러한 서비스는 원재료비나 설비 투자 비용 등의 생산 비용과는 대부분 관계가 없으며 고부가가치를 창출한다. 즉, 이 지적재산권을 비즈니스에 어떻게 전략적으로 활용해 나아가는가가 기업이 고수익을 올릴 수 있느냐 없느냐를 결정짓는다.

미국에서도 '수많은 비즈니스 리더들이 지적재산권 전략을 기업 경쟁의 원천으로 믿고 있다'는 사실이 끊임없이 지적되고 있다.

실제로 미국의 많은 기업에서는 비교적 일찍부터 이 지적재산의 중요성을 인식하고 대응해왔다.

각 기업의 구체적인 전략은 앞으로 소개하겠지만, 이러한 미국

▼ 미국과 일본의 기술 무역 수지 추이

(단위 : 억 달러)

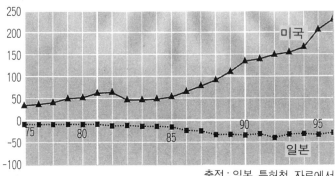

출전 : 일본 특허청 자료에서

기업의 대응은 분명 미국 전체의 지적재산권에 대한 의식이 높아지고 있다는 것을 대변하는 것이다.

미국의 예만 보아도 특허권 실시 허락료 등의 수지인 기술 무역수지 흑자는 1985년부터 1995년까지 10년간 약 4배로 늘었으며, 1995년에는 200억 달러를 돌파하기에 이르렀다.

이에 비해 일본 경우는, 개별적으로는 지적재산권 전략의 중요성을 인식하고 있는 기업도 있지만, 국가 전체로 볼 때 적자 상태가 계속 이어지고 있다.

그러나 장래적으로 일본이 경제 대국으로 살아남기 위해서는 지적재산이 경제를 뒷받침하는 하나의 기둥과 같은 역할을 할 것으로 기대되고 있다.

지적재산권 제도란?

'지적재산권'이란, 다른 말로 '지적소유권', '무체재산권(無體財産權)'이라고도 한다. 그렇다면 이러한 권리가 어떻게 생겨나게 되었는지를 대략적으로 살펴보자.

기술이나 음악은 자동차나 텔레비전과 같은 '물건'이 아니므로 물리적으로 점유할 수 없다. 다시 말해, 복수의 사람이 하나의 기술이나 음악을 같은 시간에 다른 장소에서 사용하거나 즐길 수 있다는 말이다.

이러한 특성은 매우 중요한 것이다. 이미 세상에서는 수많은 사람들 가운데 한 사람의 인간이 창출해내는 기술이나 음악이라는 '형태가 없는 것'으로 편리한 제품을 만들어 내거나 뛰어난 음악을 즐길 수가 있다. 동시에 이 특성은 쉽게 모방되고 있음을 의미하고 있다.

예를 들어, A기업이 회사의 운명을 걸고 10년의 시간과 1000억 원의 기술 개발 자금을 투자해 흙으로 종이를 만드는 기술을 개발했다고 하자.

그런데 B기업이 이 기술을 불법으로 이용해 흙으로 종이를 만들어 기술 개발 비용이 들어가지 않은 만큼 소비자에게 싼값으로 팔아버렸다면 A기업의 입장은 어떻게 되겠는가.

B기업과 같은 행위를 지적재산권 제도의 세계에서는 '프리 라이드(무임 승차)'라고 부른다.

이 프리 라이드가 인정되면 기업이나 예술가는 막대한 자금을 들여 기술 개발을 하거나 노력해서 음악을 만들려고 하지 않게 되거나, 아니면 기술이나 음악을 세상에 공개하려고 하지 않을 것이다. 이렇게 되면 사회는 진보하지 않는다.

그래서 생겨난 것이 '지적재산권'이라는 사고 방식과 이를 지키기 위한 '지적재산권 제도'이다.

지적재산권 제도란, 물리적으로 독점할 수 없는 기술이나 음악 등에 대해 개발자나 창작자가 일정 기간, 이를 사용하는 권리 등을 독점하고, 그 권리를 사용하여 이익을 얻는 것을 인정하는 대신 세상에 공개하여 일정 기간 후에는 모두가 그 기술이나 음악을 자유롭게 사용하거나 즐길 수 있도록 하는 제도이다.

즉, 새로운 기술을 개발하거나 음악을 만들어내려는 사람에게 개발이나 창작, 그리고 이를 공개하고자 할 때는 인센티브를 적용하면서 사회 전체의 발전으로 이어나가는 것을 의미한다.

모든 지적재산권 제도는 이 '발명자나 창작자의 이익'과 '사회 발

▼ 지적재산권의 균형이란?

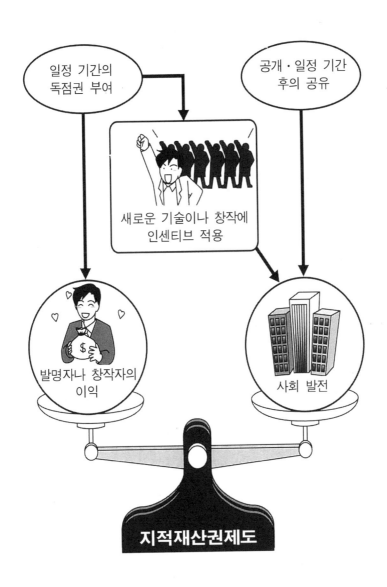

전'의 균형이 유지될 때 성립된다고 해도 과언이 아니다.

따라서 지적재산권 문제를 생각할 때는 이러한 원점으로 돌아가 어떤 해결법이 가장 알맞은 균형을 이룰 수 있는지를 생각할 필요가 있다.

이 책에서 다루고 있는 '비즈니스 모델 특허'에 대해서도 어디까지 보호할 것인지는 이 균형을 고려하여 결정해야 할 것이다.

'특허'나 '저작권'만이 아닌 '지적재산권 제도'

'지적재산권 제도'에는 실제로 수많은 제도가 존재하고 있으며, 무엇을 보호하느냐에 따라 앞서 언급한 '균형'을 이루는 방식이 다르고, 그 보호 기간이나 보호의 범위 등이 다르다.

따라서 독자들의 이해를 돕기 위해 소위 '지적재산권'으로 분류되는 내용 일람을 별도의 표(다음 페이지 '여러 가지 지적재산권' 표 참조)로 나타내보았다.

'공업소유권'의 경우에는 '특허', '상표', '의장', '실용신안'을 말하는 것이 일반적이지만, 공업소유권에 관한 국제 조약인 파리 조약의 제1조에서는 상호, 원산지 표시 등도 포함하여 '공업소유권'으로 규정하고 있다.

그러나 오늘날 저작권법에 있어서 소프트웨어나 데이터베이스 보호, 부정경쟁방지법도 지적재산의 보호에 있어서 중요한 역할을 감당하고 있다.

이러한 점을 감안한다면 자신이 가지고 있는 기술이나 아이디어를 비즈니스로 이용하고자 하는 경우에는 '공업소유권'이라는 범위

▼ 여러 가지 지적재산권

보호 대상	관계 법령	보호 기간
자연 법칙을 이용한 기술적 사상의 창작 중 고도의 것(=발명)	특허법	특허 출원일로부터 20년
특허만큼 기술적으로나 발상적으로 고도의 것이 아닌, 물품 형상 구조 조합에 관한 고안	실용신안법	실용신안 설정 등록이 있는 날로부터 실용신안 출원 후 10년
상품의 디자인	의장법	등록일로부터 15년
	부정경쟁방지법	기한 없음
상품에 붙어있는 문자, 도형, 기호나 이들의 조합(서비스 마크도 포함)	상표법	등록일로부터 10년, 단 갱신 등록시 반영구적
	부정경쟁방지법	기한 없음
문학이나 음악 등 사상 또는 감정을 창작적으로 표현한 것	저작권법	창작된 시기에서 저작자 사후 50년
반도체칩의 회로 구성	반도체 집적회로의 회로 배치에 관한 법률	최초로 이용한 날부터 10년, 창작일로부터 15년
영업 비밀(고객 리스트나 노하우 등)	부정경쟁방지법	공지될 때까지
식물 신품종	종묘법	등록 후 20년, 단, 수목은 25년
상호(회사나 점포 이름)	상법	기한 없음
지리적 표시 (예 : 샴페인)	부정경쟁방지법 상표법 주세 보전 및 주류업 조합 등에 관한 법률	기한 없음

에서 생각하기보다는 '지적재산권' 전체를 보고 이들 지적재산의 보호 방법에 대해 검토해볼 필요가 있다.

더구나 '지적재산권' 자체의 범위는 사회의 흐름에 따라 변화되고 있다.

예를 들어 정보 자체의 가치가 높아지고 있는 가운데, 그 결정체라고 할 수 있는 '데이터 베이스'에 대해 새로운 지적재산권 제도를 창설하고 보호하려는 움직임도 일고 있다.

단, 이에 대한 문제점이 다양하게 제기되고 있으며 정보화 사회의 지적재산권 문제의 하나가 되고 있다(다음 페이지 '전화번호부는 지적재산인가?' 칼럼 참조).

지적재산권의 세계에서는 일부다처제가 인정되고 있다

이와 같이 '여러 가지 지적재산권' 표에서 보는 것처럼 다양한 지적재산권 제도가 있으며, 저마다 다른 제도이지만 결과적으로는 하나에 대해 복수의 제도가 적용되는 경우도 있다.

'비즈니스 모델 특허'는 이름 그대로 특허에 관한 이야기이다. 하지만 비즈니스 모델은 실제로 저작권에 의해 보호받을 가능성도 가지고 있다.

저작권법에서는 컴퓨터 프로그램도 보호 대상이 되고 있다. 그러므로 비즈니스 모델이 컴퓨터 프로그램에 따라 구성될 경우에는, 그 프로그램 자체가 저작권에 의해 보호받게 되는 것이다.

단, 영업 비밀(트레이드 시크리트)은 이와 같은 '일부다처제(一夫多妻制)'를 인정하지 않는다. 다시 말해 영업 비밀로 보호를 받고 전화번호부는 지적재산인가?

여러분은 전화번호부가 지적재산으로 보호되고 있다고 생각하는가? 이 대수롭지 않은 질문 하나가 정보화 사회 발전의 열쇠를 쥐고 있을지도 모르는 일이다.

전화번호부에는 개인의 이름, 전화번호, 주소 등이 기재되어 있다. 하지만 특별히 독창성 있는 정보가 포함되어 있는 것도 아니고, 기술적으로 특별한 어떤 것이 있는 것도 아니다.

그러나 그만큼의 정보를 수집하려면 많은 시간과 노력이 필요하다. 이러한 정보 덩어리를 누군가가 제멋대로 복제하여 한 밑천 잡는 데에 사용한다면, 피땀 흘려 일하고 있는 대다수 사람들은 이를 용납할 수 없을 것이다.

그렇다고 누구나 알고 있는 사실을 모아놓은 전화번호부 등에 대해 무조건 저작권을 인정해버리면, 아무도 그것을 활용할 수 없게 될 가능성이 있다.

이것이 바로 데이터 베이스를 어떻게 보호할 것인가 하는 문제이다. 현재에도 독창적인 나열 방식을 갖고 있는 데이터 베이스 등은 그 나열 방식에 대해 저작권이 인정되고 있다. 하지만 데이터 베이스는 본래 가나다 순으로 된 독창성 없는 편집 방식이 오히려 사용하기 편한 경우가 많다.

그 실례로, 2000년 3월 17일에 도쿄 지방법원이 낸 판결에서는 직업별 전화번호부 「타운페이지」에 대해 저작권이 인정되었는데, 이는 분류 방법의 독창성이 인정된 것으로 풀이된다.

정보화 사회에서는 대부분의 정보가 간단히 데이터 베이스로 정리된다. 이들 정보가 사회 전체에서 제대로 공유될 때 좋은 사회가 된다.

특히 학술·연구 기관 등에서는 각종 데이터를 모두 공유함으로써 보다 선진적인 연구를 진행해 나가고 있다.

이러한 데이터 베이스 보호 문제에 대해 유럽은 이미 결론을 내렸다. 그것은 다름 아닌 '데이터 베이스권'이라는 새로운 지적재산권을 인정하도록 하는 것이었다.

　그러나 이에 반해 미국과 일본에서는 다른 접근 방식을 보이고 있다.

　'데이터 베이스권'이라는 강력하고 새로운 지적재산권을 인정하지 않고, 어느 한 기업이 많은 비용을 들여 만든 데이터 베이스를 타기업 등이 허가 없이 복제하여 판매할 경우에는 부정경쟁 방지법 등의 접근 방식으로 해결하려는 움직임이 중심을 이루고 있다.

　미국에서는 이미 법안이 제출된 상태이며, 이에 대한 활발한 논의가 전개되고 있다.

싶다면, 지적재산권에 의해 받을 수 있는 다른 보호는 포기해야 한다는 이야기이다.

　영업 비밀이란, 사회 전체에 그 노하우를 제공하지 않는 대신 제한된 범위에서의 보호밖에 받을 수 없는 것으로, 사회에 공표할 것을 전제로 하는 다른 권리와는 양립할 수 없다.

　따라서 일단 공지되고 나면 영업 비밀에 의한 보호는 인정받을 수 없게 된다.

　아무튼 같은 것이라도 복수의 지적재산권 제도가 적용될 가능성이 있으며, 자신이 지적재산을 갖게 된 경우에는 어떠한 형태로 보호할 것인지 판단하는 것이 중요하며, 다른 사람이 만들어낸 지적재산을 사용할 경우에는 충분한 조사와 주의가 필요하다는 사실을 유념하기 바란다.

　이것이 지적재산권 전략의 기본이라고 할 수 있겠다.

▼ 지적재산권 세계에서는 일부다처제도 가능하다

특허의 매력과 위협

특허의 매력

지적재산권 가운데서도 '특허'는 그 원점이라고도 할 수 있으며, 15세기 베네치아에서 시작되었다고 알려졌을 만큼 긴 역사를 가진 제도이다. 그리고 특허를 갖게 되면 그 특허된 기술이나 제품에 대해 20년에 걸친 독점권을 갖게 된다.

독점권이란, 그 특허된 기술 등을 필요로 하는 비즈니스를 다른 사람이 하지 못하도록 배제하거나, 그 기술 등을 사용하는 것을 다른 사람에게 허락하는 대신 라이선스료를 징수할 수 있도록 하는 권리로, 이 힘은 강력한 것이다.

이와 같이 강력한 독점권이 '비즈니스 모델'이라는, 지금까지 많은 사람들이 '권리'라는 인식을 하지 못했던 분야로 확산됨으로써 이로 인한 충격은 결코 작지 않은 것이다.

실제로 이 '특허'라는 독점권이 어느 정도의 경제적 힘을 가지고 있는지를 라이선스료의 관점에서 살펴보자.

세계에서 특허 라이선스료 수입이 가장 많은 기업으로 알려진 IBM사는, 1998년도에 약 11억 달러(약 1조 2000억 원)의 수입을 올렸다는 사실에서 그 위력을 알 수 있다.

또한 실제로 비즈니스를 시작하지는 않았지만, 취득한 특허를 바탕으로 비즈니스를 할 수 있다고 생각되는 경우에는, 특허나 그 특허를 기본으로 한 비즈니스에서 얻을 수 있는 수익을 담보로 사업 자금을 빌릴 수도 있다(특허 담보 융자).

뿐만 아니라 최근에는 특허를 소유하는 기업에 대해 많은 투자자들이 거액을 투자하고, 거기서 얻어지는 투자 수익을 예상하는 투자 펀드도 실현되고 있다.

이러한 방법은 비즈니스를 하고자 하는 개인이나 다른 업종의 회사를 설립할 여유가 없는 기업에게는 희소식이 아닐 수 없다. 왜냐하면 가장 적은 투자액으로 획득할 수 있는 권리를 바탕으로 비즈니스에 필요한 자금을 조달할 수 있기 때문이다.

한편, 펀드 측에서는 투자 결과, 특허의 비즈니스화가 진행됨으로써 타사에서 얻을 수 있는 라이선스료 수익이나 기업의 주가 상승(캐피탈 게인)으로 인해 수익을 얻을 수 있게 된다.

실제로 프라이스라인사의 창업자 워커 씨는 비즈니스 모델 특허 취득으로 보통 사람에서 일약 억만장자가 되었다. 그는『홉스』지가 선정한 1999년 10월의 세계 부호 순위에서 43위에 등장했다.

이 순위는 프라이스라인사의 주식으로 평가된 것이긴 하지만, 프라이스라인사의 주가를 유지하고 있는 것은 이 회사가 가지고 있는 역경매 특허의 장래성에 대한 기대이므로, 이는 특허가 가져올 엄청난 부라고 할 수 있을 것이다.

▼ 특허의 독점권은 강력하다. 타인의 사용 배제는 물론 사용자에게 받는
  라이선스료 징수도 마음껏 할 수 있다

특허의 위협

특허는 발명자에 대해 강력한 독점 실시권을 보증함으로써 발명 과정에서 겪게 되는 어려움을 극복할 수 있는 동기를 부여해준다.

또한 특허의 권리를 바탕으로, 혹은 특허 자체를 바탕으로 하는 사업을 시작하기 위한 자금 조달에도 도움을 준다.

그러나 특허에는 반드시 매력적인 면만 있는 것은 아니다.

특허를 인정받은 발명자가 권리를 독점하고, 고액의 특허 실시 료를 부과한다면, 그 특허를 바탕으로 만들어진 상품의 값은 올라 갈 수밖에 없고, 그 불이익은 넓게 보면 소비자에게 돌아오게 되는 것이다.

또한 특허가 권리화되고 있다는 사실을 모르고 특허와 같은 방 법으로 사업을 하고 있던 사람이 나중에 특허 침해 통지를 받게 되 는 경우도 생긴다.

이 같은 경우에는 자신도 모르는 사이에 실시된 기간에 대해서 도 실시료를 청구 받게 되는 일도 발생할 수 있다.

발명자 가운데에는 분할 출원이나 계속 출원에 맞춰 고의로 특 허 성립 시기를 늦추는 사람도 많다. 그렇게 해서 자신도 모르게 특허를 침해한 사람에 대해 많은 액수의 실시료를 청구할 수 있기 때문이다.

이러한 특허를 '잠수함(submarine) 특허'라고 부르고 있다. 출원 특허에 대한 공개 제도가 없었던 미국에서 빈번하게 일어나는 문 제이다(다음 페이지 '잠수함 특허의 위협' 칼럼 참조).

잠수함 특허의 전형으로, 출원 후 3년이 지나 인정을 받게 된 컴퓨터 관련 특허나 28년에 걸쳐 인정받은 기체 레이저의 기본 특허 등을 들 수 있다. 이러한 기술들은 특허로 인정받은 시점에서는 이미 범용 기술이 되었다.

물론 그 사실을 알지 못한 채 특허 기술을 사용하고 있었던 회사는 다수에 달했다. 이들 회사에서는 이제까지 사용해온 기술을 하루아침에 사용할 수 없게 되었고, 거액의 손해배상을 요구당하는 사태에 빠지고 말았다.

그렇지만 오랜 기간 동안 잠수함 특허가 숨겨져 온 것은 적당하지 않다며, 미국에서도 출원 후 20년으로 특허의 존속 기간이 끝났다는 판결이 내려졌다. 또한 1999년 말에 시행된 특허법 개정에서 미국에도 출원 공개 제도가 도입되었다.

그러나 도입된 출원 공개 제도에는 예외 조건의 범위가 넓어졌을 뿐 아니라, 공개 제도로서는 불충분하다는 견해가 많았다. 즉 잠수함이 숨어 있을 여지를 남기게 된 것이다.

특허를 침해하면 거액의 배상금을 물어야 한다

실제로 과거에 특허를 침해한 것 때문에 거액의 배상금을 지불한 기업도 있다. 그 중에서도 코닥사의 비극은 매우 유명하다.

1976년, 폴라로이드사는 코닥사의 인스턴트 카메라가 자사의 특허를 침해했다는 이유로 코닥사를 제소했다.

오랜 심리를 거쳐 1990년에 폴라로이드사의 주장이 인정되어, 코닥사는 이미 판매가 끝난 인스턴트 카메라의 회수와 손해배상금

▼ 잠수함 특허에 거액의 손해배상을 요구당하는 일도 많다

지불 판결로 15억 달러(1달러=1200원 환산으로 1조 8000억 원. 손해배상금만 1조 3,000억 원)를 배상해야 했다.

일본 기업의 경우 특허 침해로 거액의 손해배상을 지불한 기업은 많지만, 그 가운데서도 가장 큰 충격을 받았던 기업은 바로 미놀타사이다.

1992년 3월 합의에 의해 미놀타사는 하네웰사에 대해 화해금으로 1억 2750만 달러(1달러=1200원으로 환산하여 약 1215억 원)를 지불하게 되었다.

이 싸움은 미놀타사가 하네웰사가 소유하고 있던 자동 초점(오토매틱 포커스)에 관한 기술 특허를 침해했는지 여부를 가리는 문제에서 비롯되었다.

1987년 제소되어 시작된 특허를 둘러싼 재판에서 미국 지방법원의 배심원이 내린 평결은 미놀타사가 하네웰사의 특허를 침해했다는 것이었다.

미놀타사는 이 판결을 받아들여 화해의 길을 택한 것이었지만, 이 사건 이후로 경영이 적자로 전락하는 사태에 빠지고 말았다.

그러나 미놀타사와는 대조적으로 하네웰사는 미놀타사 이외의 7개사, 일본의 니콘·캐논·교세라·코니카·마츠시타 전기산업, 미국의 이스트만 코닥, 대만의 프리미어 카메라 등에서도 화해금을 받아내는 데 성공했다.

따라서 미놀타사에서 받은 액수까지 합쳐 2억 5160만 달러(약 3019억 원)의 막대한 수입을 거둬들였다.

▼ 특허 재판이 가져오는 천국과 지옥

재판에서 지면…

천국과 지옥 사이

특허 침해의 배상액은 지적재산의 가치가 상승함에 따라 앞으로 설명할 프로 페턴트(특허 중시·특허 옹호)의 흐름이 강세를 보이면서 분명 커지고 있다.

이제까지 '침해하면 이익', '침해당하면 손해'라고 생각해왔던 일본에서도 특허법 개정이 이루어졌고, 특허 재판의 승패가 비즈니스에 미치는 충격은 유래 없이 커지고 있다.

그 예로 1998년 10월, 도쿄 지방법원은 특허 침해 소송으로 과거 최고 금액인 300억 원의 손해배상을 명한 사건을 들 수 있다.

기업의 특허 전략 중요성은 더욱 확대되고 있다

특허 수입의 이점과 특허 침해의 문제점을 살펴보는 것만으로도, 기업에 있어서 특허 전략은 그 존망에 직결되는 문제이며, 대단히 중요한 의미를 갖게 된다는 사실을 여러분도 충분히 이해했으리라 믿는다.

지적재산권은 라이선스료 수입이나 손해배상뿐 아니라 이를 담보로 자금을 조달하거나(지적재산권 담보 융자), 자신이 갖고 있는 지적재산권과 상대의 것을 서로 사용하도록 허가하는(크로스 라이선스) 형태로 경영 전략의 '창'과 '방패'의 역할을 하고 있다.

실제로 이미 세계 제일의 기업에서는 기업 간부가 지적재산권의 중요성을 인식하고, 지적재산권 관련 분야의 강화를 꾀하거나 연구자에게 특허 획득의 인센티브를 주는 등 경영 전략의 최우선으로 삼고 있다.

이처럼 세계의 대기업들은 특허 전략을 확실한 경영 전략으로 편성하여, 특허 라이선스 수입 등을 수익의 주요 항목으로 두는 곳도 있다.

다음 페이지 '대기업의 특허 전략' 표를 통해 지적재산권에 대해 전략적으로 대응하는 세계 대기업의 예를 몇 가지로 정리해보았다.

그 가운데서도 지적재산권 전략으로 유명한 IBM사는 10여 년 전부터 특허 등의 지적재산권을 중요한 수익원으로 생각하고, 특허 라이선스료 수입이 세금 공제 수입의 9분의 1을 차지하는 수준에까지 이르렀다.

▼ 세계 대기업의 특허 전략

IBM사

1990년대에 들어서면서 가즈너 회장의 리더십을 앞세워, 지적재산의 가치를 최대한으로 높이는 경영 전략을 전개.
이 결과, 라이선스료 수입은 1990년 약 1억 달러에서 1998년에는 11억 달러(경영 이익의 19%)까지 증가.

루센트 테크놀 로지사

세계 최대의 기업 연구소(11명의 노벨상 수상자를 배출)인 벨 연구소를 갖고 있는 AT&T사에서 분리 독립된 회사라는 점에서 벨 연구소의 기술 성과인 특허에 대해 기본 특허와 사업화에 필요한 관련 특허를 패키지화함으로써 라이선싱 사업을 추진.

포드

1997년에 지적재산 활용을 위한 독립 채산제 자회사를 설립.
특허·기술 마케팅을 집약하여 타업종에도 지적재산 판매중.

GE

1998년부터 각 사업부에 지적재산 관리부를 설치. 라이선스료 수입을 사업부 수익의 주종목으로 삼기 위해 지적재산 관리에 주력.

캐논

국제 표준을 염두에 둔 특허 전략을 전개.
지적재산 법무 부문에 400명을 배치. 1997년 미국 특허 취득 건수에서 IBM에 이어 제2위, 특허료 수입도 1650억 원도 높은 수준.

도시바

1998년에 사내 특허 보장금 최고액을 종래의 1000만 원에서 1억 원으로 인상.
연구자의 특허 획득 인센티브를 올리는 등 특허 중시 전략 추진.

후지쓰

1998년도부터 고도의 특허 지식을 갖춘 SE에 대해 '지적재산권 전문가'라는 자격 부여.

NEC

1999년 미국 특허 취득건수에서 1843건으로 미 IBM에 이어 제2위.

특허의 보편적 구조

다양한 특허 기준

같은 '특허 제도'라 해도 동일한 것이 아니며, 국가나 시대에 따라 실제로 여러 가지 다른 양상을 띠고 있다. 예를 들어 미국에서는 특허를 취득할 수 있어도, 일본에서는 취득할 수 없는 경우도 있다.

또한 특허를 포함하는 지적재산권이 국가마다 다른 것만은 아니다. 시대와 함께 그 보호 범위도 변화한다. 즉, 실제로 몇 년 전까지만 해도 특허의 대상이 아니었던 것이 지금은 당당하게 특허로 인정받을 수 있게 된 것이 그것이다.

비즈니스 모델 특허 등은 '지역에 따른 차이', '시대에 따른 변화'라는 두 가지 측면에서 큰 영향을 받고 있는 분야라고 할 수 있을 것이다.

그런 의미에서 지적재산권은 '전세계적 구조'가 아니라 시간의 개념까지 포함한 '보편적 구조'로 인식해야 한다.

여기서는 특허의 지역적 차이와 함께 시간 축에 따른 해석의 변화를 살펴보기로 한다.

지역에 따른 차이 – 세계 특허 제도의 차이

특허법은 '속지주의'라는 사고 방식을 채택하고 있다.

이는 특허가 각국의 경제·산업 정책과 밀접하게 연결되어 있기 때문에 각국의 특허법 적용, 효력의 범위는 제정된 국가 안에서만 영향을 미친다는 것을 내용으로 하고 있다. 다시 말해 각국의 특허 제도는 각각 독립되어 있다.

그리고 세계 특허 제도를 살펴보면서 확실한 독립성과 그 차이의 다양함 때문에 놀라게 될 것이다.

특허 제도는 선진국간에도 큰 차이가 있다. 앞서 언급한 바 있는 잠수함 특허의 원인이 되고 있는 출원 공개 제도의 차이도 그 중 하나이다.

선진국간에 차이를 발견할 수 있는 가장 현저한 예는, 미국의 '선발명주의'와 일본과 유럽의 '선원주의(先願主義)'의 차이이다.

선발명주의의 미국에서 특허를 취득할 수 있는 것은 먼저 발명한 사람이다. 즉, 맨 처음 특허 신청을 내도 그보다 먼저 발명한 사람이 있으면 특허는 먼저 발명한 사람의 것이 된다.

이에 반해 한국이나 일본, 유럽을 비롯한 여러 나라에서는 맨 처음 특허 신청을 낸 사람이 특허를 취득하도록 되어 있다.

문화의 차이도 특허 제도의 차이로 나타난다. 이미 그 전형적인 예가 된 것이 동물 관련 특허이다.

예를 들어 '암과 관련된 약을 실험하기 위한 실험용 쥐'에 대해 1988년에 미국 특허청이 특허를 인정한 데 반해, 이듬해 유럽 특허청은 같은 상황에 대해 특허를 인정하지 않았다.

그 배경에는 환경 문제 의식과 동물 보호에 대한 강한 배려가 있었다고 전해지고 있다.

즉, 환경 보호 입장에서는 '생명 유전자 조작에 의해 동식물 유전자의 다양성이 상실되고, 예기치 않은 환경 문제를 일으킬 수 있다'고 지적했고, 동물 애호 입장에서는 '유전자 공학은 동물에게 불필요한 고통을 주는 것을 용납할 수 없다. 또한 이는 인간 이외의 동물의 생명을 경시하는 태도이다'라고 반박했다.

그러나 이러한 국가나 문화에 따른 차이는 급속히 줄어들고 있다. 실제로 앞서 말한 실험용 쥐가 1990년대에 들어서면서 유럽에서도 특허를 얻게 되었다.

또한 제도에 관한 부분은 WTO(세계무역기구)가 운용하고 있는 TRIPs(Trade Related Aspects of Intellectual Property Rights)나 WIPO(세계지적소유권기구)의 노력으로 서서히 통일되어가고 있다. 또한 미국의 선발명주의도 다양한 형태로 수정되어 선출원주의 사고 방식을 도입하고 있다.

이는 네트워크의 진보 등을 배경으로 한 경제의 무경계화에 대응한 결과이며, 이제 독자적으로 색깔이 강한 특허 제도를 지켜 나가는 것은 불가능해지고 있다고 할 수 있을 것이다.

그러나 국제적 융합이 이루어지고 있는 그 한편에는 언제나 새로운 문제가 발생하고 있다. 즉, 놀라운 기술의 발전 등에 따라 이제까지는 논의의 대상이 되지 못했던 분야에 대해 특허로 보호할 것인가, 아니면 보호하지 않을 것인가의 문제를 가지고 각국이 서로 견해를 달리하고 있다. 비즈니스 모델 특허도 이 '새로운 분야' 중 하나라고 할 수 있을 것이다.

▼ 특허 제도는 국가나 시대에 따라 다르다(보편적 구조)

최근 비즈니스 모델 특허와 함께 신문이나 잡지에서 떠들썩하게 보도하고 있는 것이 '바이오 특허'이다. 이것은 특히 2000년 1월 10일 미국의 바이오 벤처 셀레라 게노믹스사의 게놈 해석에 관한 발표 이후, 세계적인 화제로 떠올랐다.

셀레라 게노믹스사는 슈퍼컴퓨터와 유전자 해석 장치를 대량으로 구사하여, 당초 2003년까지 걸릴 것으로 생각했던 인체 설계도인 게놈 유전자 정보를 90% 이상 해석했다고 발표했다.

이 발표를 듣고 매스컴은 인간 게놈의 대부분을 셀레라에서 특허로 받아들여, 앞으로는 거의 모든 유전자 관계 비즈니스가 셀레라 게노믹스에 독점될 우려가 있다고 보도했다.

그러나 셀레라 게노믹스사가 만약 유전자 배열을 100% 해석했다고 해도, 그 배열만으로는 특허를 인정할 수 없다는 것이 미국, 일본 및 유럽의 특허청이 갖는 현시점에서의 생각이다. 즉, 유전자의 기능까지 나타낼 수 없다면 특허로 인정할 수 없다는 것이다.

미국, 일본 및 유럽 특허청의 DNA 단편 특허성에 관한 비교 연구 보고서(http://www.jpo-go.jp/saikine/tws/sr-3-b3b.htm) 배열만으로는 특허를 인정할 수 없다 해도, DNA 배열을 알고 있는 것은 그 유전자의 기능을 해석하는 전제가 된다는 것을 고려한다면 셀레라 게노믹스사가 어느 정도 유리한 건 사실일 것이다.

또한 셀레라 게노믹스사 이외에도 인서트사, HGSI사 등도 유전자에 관한 많은 특허를 신청하고 있다.

이러한 DNA 특허 신청 접전에 대해 일부 과학자들은 "유전자 정보는 전 인류의 공통 재산이며, 특허에 의한 독점 등은 옳지 않다"며 강하게 비난하고 있는 것이 사실이다.

여하튼 바이오 특허는 비즈니스 모델 특허와 함께 장래 비즈니스의 열쇠를 쥐고 있다는 점에서 주목할 만한 문제라고 할 수 있다.

▼ 유전자 특허의 기준

시간 축에 따른 차이

시대의 흐름은 국제화에 따른 통합이라는 충격을 던져준 것에 그치지 않는다. 즉, 특허의 보호 범위를 확실하게 바꿔나가고 있는 것이다.

물론 사회 제도란 기술이나 사회의 변화에 따라 변하는 것이지만, 특허는 산업계에 영향을 주는 것이니만큼 언제나 정치 역학이 작용한다. 따라서 특허의 보호 범위는 보호 강화에서 보호 억제로, 보호 억제에서 보호 강화로 동요되는 역사를 가지고 있다.

고대로 거슬러 올라가 보면 영국의 엘리자베스 여왕이 왕실의 재정을 늘리기 위해 특허를 난발하고, 유희 카드나 수세식 화장실까지 특허의 대상으로 삼았다고 전해진다.

이에 대해 특허의 대상을 발명에 한정시키려는 움직임이 일어나, 결국 1924년에 전매 조례가 제정되게 되었다.

이와 같이 원래 시대에 크게 좌우되는 특허 제도이지만, 이 1세기 동안 세계 속의 특허 제도가 세계 경제의 견인차 역할을 담당했던 미국 땅에서 동요되어 왔다.

안티 트러스트 시대에서 프로 페턴트 시대로

미국에서는 19세기 후반에 에디슨이나 벨의 특허를 사용한 독점적 비즈니스에 대해 이용자의 불만이 쌓이자, 1929년 대공황이 안티 트러스트(anti~란 '~반대의'라는 의미이며, trust란 기업 연합이라는 의미에서 파생하여 '독점'이라는 의미로 쓰인다. 따라서

anti trust는 '반독점'을 의미한다) 시대로 돌입하면서 특허까지 포함된 '독점'에 대한 반발이 거세졌다.

제2차 세계대전 후에도 이러한 흐름은 멈추지 않았고, 특허에 대한 비난은 더욱 거세졌다. 또한 특허의 대상 범위도 한정적인 것이 되었다.

맨 처음 소개했던 미싱의 싱어사가 특허를 갖고 있었음에도 불구하고, 독점금지법 위반이 된 것은 이 안티 트러스트의 흐름이 한창이었기 때문일 것이다.

그러나 1980년 초반 이후, 산업 발전을 겨냥하여 발명자에게 인센티브를 주어야하는 프로 페턴트 정책이 시행되기 시작했다.

'프로 페턴트 정책'이란, 특허권을 널리 인정하는 동시에 특허권자에 대한 보호를 강화하는 것을 말한다(pro~란 '~찬성의', '~편의'라는 의미이며, '프로 페턴트(pro patent)란 '특허(권자) 찬성의'라는 뜻이다).

이 프로 페턴트 정책으로 쓰였던 것에는 특허권 전문 법원을 두어 특허 재판의 처리 기간을 단축하고, 손해배상 금액을 인상하거나 하는 경우도 있었다. 하지만 이보다 더 강력한 프로 페턴트 정책은 바로 특허 범위의 확대이다.

특히 소프트웨어의 특허성이 널리 인정되기 시작한 것은 특허 비즈니스에 대한 영향을 매우 강화시켰다.

이러한 흐름을 상징하는 것이 1981년의 Diehr 판결이다. 미국의 최고 법원이 특허의 대상에는 '이 세상에 존재하는 인간이 창출해낸 모든 것을 포함한다'는 미국 연방의회의 입법 당시 보고서 표현을 인용하여 컴퓨터 프로그램의 특허성을 인정했다.

그리고 이 책에서 다루고 있는 '비즈니스 모델 특허'도 이 프로

▼ 안티 트러스트 시대에서 프로 페턴트 시대로

일찍이 특허에 대해 냉담한 반응을 보였던 미국 정부도 1980년대를 경계로 특허를 중시하기 시작했다. 이를 지켜보던 일본과 유럽도 그 뒤를 따랐다.

페턴트 정책의 연장선상에 놓여있다고 할 수 있다.

특허 제도는 보편적 구조로 보는 것이 포인트

이러한 시대의 변화가 국제화라는 루트를 통해 세계 특허에 큰 영향을 미쳤다.

미국의 프로 페턴트 주의는 세계로 확산되었고, 결국에는 일본이나 유럽에서도 프로 페턴트 쪽으로 방향을 돌리지 않으면 안 되는 상황에 처하게 된 것이 그 예이다.

그 단적인 예로, 일본 특허의 경우 소프트웨어 특허 하나만 봐도 미국의 흐름을 받아들여 일본 특허청도 급속히 그 보호 범위를 넓혀왔다는 것을 알 수 있다.

이와 같이 특허 제도는 국제적인 흐름과 함께 시대의 흐름이 큰 영향을 미치는 것이며, 보편적인 구조로 볼 필요가 있다.

비즈니스 모델 특허를 둘러싼 움직임도 미국이나 유럽 등 지역마다의 움직임과 어떤 흐름으로 이어질지에 대한 시간축의 움직임의 양 측면에 주목하여 판단하는 것이 중요하다.

▼ 소프트웨어 특허의 흐름

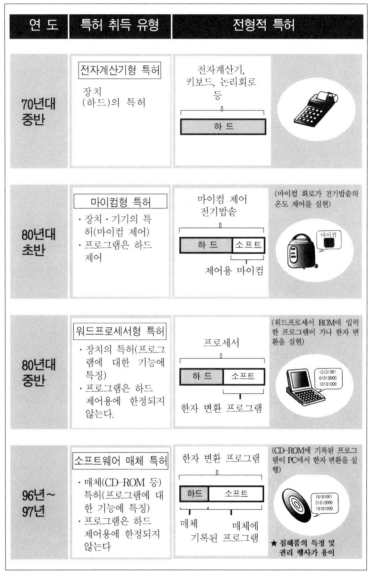

연 도	특허 취득 유형	전형적 특허
70년대 중반	**전자계산기형 특허** 장치 (하드)의 특허	전자계산기, 키보드, 논리회로 등 하 드
80년대 초반	**마이컴형 특허** · 장치 · 기기의 특 허(마이컴 제어) · 프로그램은 하드 제어	마이컴 제어 전기밥솥 하 드 | 소프트 제어용 마이컴 (마이컴 회로가 전기밥솥의 온도 제어를 실현) 마이컴
80년대 중반	**워드프로세서형 특허** · 장치의 특허(프로그 램에 대한 기능에 특징) · 프로그램은 하드 제어용에 한정되지 않는다.	프로세서 하 드 | 소프트 한자 변환 프로그램 (워드프로세서 ROM에 입력 한 프로그램이 가나 한자 변 환을 실현)
96년~ 97년	**소프트웨어 매체 특허** · 매체(CD-ROM 등) 특허(프로그램에 대 한 기능에 특징) · 프로그램은 하드 제어용에 한정되지 않는다	한자 변환 프로그램 하드 | 소프트 매체 매체에 기록된 프로그램 (CD-ROM에 기록된 프로그 램이 PC에서 한자 변환을 실 행) ★ 침해품의 특정 및 권리 행사가 용이

(일본 특허청 자료로 작성)

　　소프트웨어나 비즈니스 모델, 그리고 유전자 등에 대한 특허 시비도 골치 아픈 일이지만, 미국에서는 여러 가지가 특허로 인정되고 있다.

　　예를 들면 아래와 같은 것들이다.

- 골프 퍼팅 방법(미국 특허 5616089/1997년 4월 1일)
- 성격 판정법(미국 특허 5190458/1993년 3월 2일)
- 신화의 세계를 경험하기 위한 시스템(미국 특허 5734795/1998년 3월 31일)
- 장학금 제도로 바뀌는 투자 프로그램(미국 특허 5745885/1998년 4월 28일)

　　미국의 경우 특허 인정의 마지막은 법원에서 매듭을 짓는 게 좋디는 의식을 갖고 있다. 하지만 내체로 득허 심사노 느리게 진행된다고 알려져 있다.

　　그래도 이 중에서 골프 퍼팅 방법에 대한 특허는 놀라운 것이다. 여러분 가운데에도 왜 이것이 특허가 되었는지 하고 의아해하는 사람이 반드시 있을 것이다.

▼ 골프 퍼팅 방법까지 특허에!

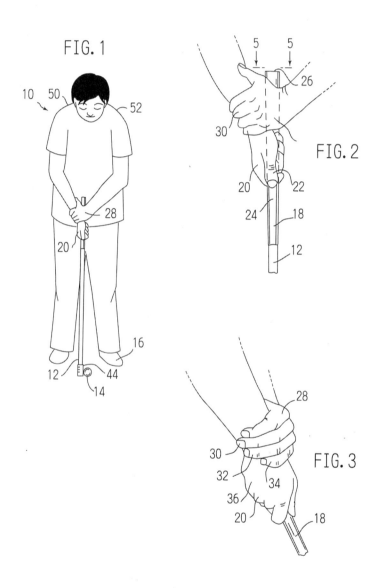

FIG. 1

FIG. 2

FIG. 3

제 3 장
비즈니스 모델 특허의 어제와 오늘

비즈니스 모델 특허의 역사

비즈니스 모델은 과학 기술과는 무관하다

특허가 시대의 흐름과 함께 변화해왔다는 것은 이미 언급한 바 있다. 그렇다고 비즈니스 모델 특허 이전에 특허로 인정받았다는 것은 결코 아니다.

1908년에 있었던 판례를 보면, 웨이터 등이 음식 대금을 중간에서 가로채는 것을 막기 위해 음식을 나를 때 전표와 함께 나르는 방법에 대한 특허는 인정받지 못했다.

그리고 이 판례는 이와 같은 비즈니스 방식에는 특허를 줄 수 없을 것이라고 말해주고 있다.

그 후에도 비즈니스 모델이란, '인간이 펜과 종이로 글씨를 적는 것과 다를 바 없으며, 과학 기술과는 관계가 없다'라는 인식이 팽배했다. 따라서 특허 대상이 될 수 없다는 일반적인 사고 방식에는 변함이 없었다.

비즈니스 모델 특허를 부정하는 경제적 근거

더구나 다음과 같은 경제적 근거를 토대로 비즈니스 모델에 특허를 인정할 필요는 없다는 주장이 성립되었다.

그 중 하나는 '이미 비즈니스 모델로 나올 만한 것은 모두 나왔고 새롭게 보호할 필요가 있는 비즈니스 모델은 없다'는 것이었다.

그러나 이 주장은 현재 특허를 받기 위해 접수되고 있는 비즈니스 모델 특허의 어마어마한 신청 수를 고려한다면 별로 설득력이 없는 것임을 알 수 있다.

비즈니스 모델 특허 부정론자의 두 번째 주장은 '이와 같은 비즈니스 모델을 고안해내는 사업은 다른 방법으로 충분히 이익을 얻을 수 있다'는 것이다. 즉, 부정경쟁방지법에 따른 보호나 선행자 이익에 의해 충분히 이익을 확보할 수 있다는 주장이다.

비즈니스 모델 특허를 부정하는 또 하나의 이유로 들 수 있는 것은 다음과 같다.

'비즈니스 모델이라는 것은 여러 기업이 그것을 가공하여 비로소 비즈니스로 연결되는 것이다. 그래서 사회 전체에서 보면 하나의 비즈니스 모델부터 수백, 수천 개의 비즈니스 기법으로 발전하여 이것이 수십 배로 확대되어 나간다. 이것을 한 사람의 특허권자에 의해 조절시키는 것은 비용이 너무 많이 드는 일'라는 점이다.

마지막의 두 가지 이유는 현재에 해당하는 것이다. 제2장의 '지적재산권 제도란?'에서 언급한 '지적재산권 제도의 근간인 균형'을 고려할 때의 핵심 포인트라고 할 수 있다.

이런 여러 가지 지적을 토대로 어떤 비즈니스 모델이 특허 대상이 될 수 있는지, 그리고 그 경우 어느 범위까지 보호받을 수 있는

지에 대해 생각해볼 필요가 있다.

컴퓨터와의 융합에 의한 비즈니스 모델 특허의 출현

1980년 전후부터 컴퓨터의 발전과 함께 비즈니스에 컴퓨터가 도입되는 사례가 급속히 증가했다. 따라서 지금까지 사람이 해왔던 일을 컴퓨터가 대신할 뿐 아니라, 컴퓨터이기 때문에 실현 가능한 비즈니스 방식이 등장하기 시작했다.

이렇게 되자 비즈니스 모델도 과학 기술적 요소와 밀접한 관계를 맺게 되었다. 그것은 비즈니스 모델이 컴퓨터 프로그램이 될 경우 특허의 대상이 된다는 생각으로 이어졌다.

미국의 유명한 특허학자인 치잠 교수는 1980년대에 자신의 저서를 통해 이 같은 내용을 밝혔다.

즉, 비즈니스 모델이 특허가 될 수 있느냐 하는 문제의 포인트는 컴퓨터 프로그램으로 특허를 얻어낼 수 있느냐에 달려있는 셈이다.

법원에서도 1983년 메릴린치 금융 서비스와 관련된 정보 처리 시스템에 대해 특허를 인정한 사례가 있다.

그러나 이 단계에서는 그다지 큰 논의를 이루지 못했다. 그 이유는, 금융 서비스라는 고도의 정보 시스템에 대한 특허였기 때문에, 일반적인 비즈니스 모델과는 다르다는 인식이 있었기 때문이었던 것 같다.

또한 일반 사람들에게 '비즈니스 방식'이 누군가에 의해 특허를 인정받고, 어느 한 사람에게 독점당하는 것을 인식시키기가 어려웠던 것은 아니었을까.

▼ 비즈니스 모델이 특허를 따낼 수 있느냐의 문제는 컴퓨터 프로그램이
 되느냐, 되지 않느냐에 따라 결정된다

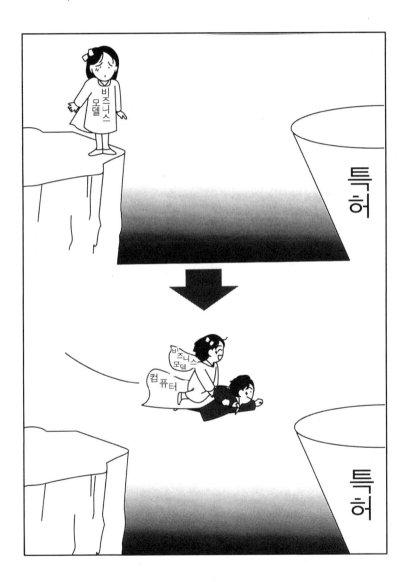

실제로 비교적 최근에 나온 특허 관련 서적 등에서도 '특허의 대상이 되지 않는 것'으로, '비즈니스 방법'이 명기되어 있는 것은 그와 같은 의식에서 비롯된 것이라고 생각된다.

시티뱅크의 일본 선제 공격

실제로 일본에서도, 미국에서 비즈니스 모델 특허를 둘러싼 분쟁이 본격화되기 전인 1995년, 이미 비즈니스 모델 특허를 두고 일대 파란이 일어났었다.

시티뱅크의 전자 화폐에 관한 특허 신청이 그것이다. 1995년 11월, 시티뱅크가 일본 특허청에 신청한 전자 화폐 시스템에 관한 특허가 공고되자 일본 금융기관은 당황하는 기색이 역력했다.

그 후 3개월 동안, 이 특허 공고에 대해 많은 일본 기업으로부터 이의 신청이 쇄도했다. 특허청은 이를 받아들여 2년 후인 1997년 12월에 태도를 바꾸어 특허가 될 수 없다는 판정을 내렸다. 물론, 시티뱅크는 특허 거절 결정에 대해 불복 심판을 일으켰다.

이때 시티뱅크가 신청한 내용은 이미 미국에서 특허를 인정받은 상태였기 때문에, '미국의 특허 부여 기준은 어떻게 되는 것인가', '이런 넓은 범위에서 비즈니스 방식을 적어놓은 것만으로 어떻게 특허를 인정할 수 있는가'에 대한 논의가 일었다.

그러나 일본인의 좋지 않은 습관일지 모르나, 특허가 거절 사정(査定)된 후 이와 같은 비즈니스 모델 특허에 관한 논의는 한때 수그러들기도 했다.

하지만, 앞으로 소개할 미국에서 일어난 프라이스라인사의 마이크로소프트사 제소나 아마존닷컴사와 반즈 앤드 노블사의 분쟁 등의 소동을 통해 다시 최근에 논의가 부활되었다.

또 한 가지 사실은 이 논의의 부활에 맞추기라도 한 듯 1999년 12월, 시티뱅크의 전자 화폐 시스템이 불복 심판을 일으킨 결과, 일본에서도 특허(일본 특허 2141163)로 인정받았다는 것이다.

▼ 비즈니스 모델 특허를 둘러싼 주요 동향

1983　메릴린치 판결(지방재판소) — 메릴린치 금융 서비스와 관련된 시스템을 특허로 인정한 판결

1994　미국 특허청의 심사 안내서 개정(비즈니스를 위한 방법도 심사 대상에)

1995　시티뱅크의 전자 화폐 특허 공고(일본) — 금융기관 등의 이의 신청

1996　미국 특허청 컴퓨터 관련 발명의 기본 조항 발표(비즈니스를 위한 방법이라고 해서 특별 기준을 두지는 않을 것임을 명기)

1998.7　스테이트 스트리트 뱅크 판결(CAFC) — '비즈니스 모델 특허는 무효'라는 생각을 전면 부정한 판결

1998.8　프라이스라인사의 역경매 특허 성립

1999.4　AT&T 판결(CAFC) — 장거리 전화 서비스 시스템에 대해서도 비즈니스 모델 특허를 인정할 수 있다는 것을 명시한 판결

1999.10　프라이스라인사가 마이크로소프트사를 역경매 특허 침해로 제소
아마존닷컴사가 반즈 앤드 노블사를 원클릭 특허 침해로 제소

1999.11　야후사가 바스켓 쇼핑 특허 침해로 제소당함
미국 특허법 개정 — 비즈니스 특허에 대한 선발명자권 인정

1999.12　시애틀 연방 지방재판소가 반즈 앤드 노블사를 상대로 원클릭 시스템 사용 정지를 가결정
일본 특허청이 '비즈니스 관련 발명의 심사 취급에 대해서'를 발표

2000.2　캘리포니아의 한 개인이 GM, 도요타 등 39개사를 상대로 비즈니스 모델 특허를 침해당했다고 제소
아마존닷컴사가 새롭게 연합 시스템에 대한 특허 취득

비즈니스 모델 특허를 둘러싼 보편적 구조의 극적인 변화

미국 특허청의 결단

1990년대 중반에 접어들면서 비즈니스 모델 특허를 둘러싼 보편적 구조의 변화는 더욱 뚜렷한 형태로 나타났다.

세계적인 프로 페턴트 정책의 흐름 속에서 미국 특허청은, 1994년 심사관이 심사 안내서인 MPEP(Manual of Patent Examining Procedures)를 개정하였고, 이 안내서에서 '비즈니스를 위한 방법은 특허 대상의 분류에 해당하지 않는 것으로 거절할 수 있다'는 문장을 삭제하였다.

이어서 1996년, 미국 특허청이 명시한 컴퓨터 관련 발명의 기본 조항에서는 비즈니스 모델이기 때문에 특허성이 없다는 식의 사고 방식을 없애고, 비즈니스 모델과 관련된 특허 출원이라도 보통 출원과 같은 것으로 심사할 것을 명기했다.

결정적 판결의 출현 — 스테이트 스트리트 뱅크 판결

이와 같은 상황 속에서 1998년 7월, 마침내 비즈니스 모델에 대한 특허를 명확하게 인정하는 판결이 나왔다.

이 판결을 계기로 비즈니스 모델 특허 확대의 흐름에 박차를 가하게 되었다. 이것이 스테이트 스트리트 뱅크 판결이다.

이 판결은 미국의 특허 전문 고등법원인 미국 연방 순회구 항소법원(United States Court of Appeals for Federal Circuit, 이하 'CAFC'라고 한다)이 낸 것으로, 최고법원이 심리를 각하 했기 때문에 이 판례의 의의는 매우 중요한 것이라고 할 수 있다.

이 재판은 시그니처사가 개발한 복수 고객의 펀드를 조합하여 금융 상품의 자금 운용 효율을 최적화한다는 내용의 '허브 앤드 스포크' 시스템(미국 특허 5193056)에 대해 스테이트 스트리트 뱅크사가 그 특허의 무효에 대해 소송을 건 재판이었다.

시그니처사가 개발한 이 시스템은 CAFC에 항소당하기 전에 지방법원 특허는 무효라는 것이라고 판단되었다. 특허가 무효 판정을 받은 이유는 크게 두 가지로 나누어 볼 수 있다.

그 첫 번째 이유는, 이 시스템이 수학적 알고리즘, 다시 말해 수학 공식과도 같은 것이기 때문에 회계사가 종이와 연필, 그리고 계산기만 있으면 할 수 있는 것이므로 특허로서는 부적격하다는 점이다.

두 번째는 비즈니스 모델 특허의 논의와 직접 관계된 것으로, '이러한 비즈니스 방법에 특허를 인정한다면 같은 일을 하고자 하는 금융기관은 모두 시그니처사의 허가를 받지 않으면 안 되게 된다. 이와 같은 추상적 아이디어는 비즈니스 방식으로서도 특허 부적격'

▼ 시그니처사가 개발한 '허브 앤드 스포크'의 구조

이라고 판단한 점에 있다.

그러나 상급 법원인 CAFC가 이 판결을 뒤집은 것이다.

그렇다면 이 판결의 핵심은 어디에 있는 것일까. 그 이유를 살펴보기로 하자.

이 판결에서는 지방법원이 특허 부적격으로 판단한 두 가지 이유를 모두 부정했다.

우선 첫 번째 이유는 수학적 알고리즘을 이용한 발명이라도 유용, 구체적이며 실체가 있는 결과(useful, concrete and tangible results)를 가져온다면 특허로 인정할 수 있다는 것이다.

두 번째 비즈니스 모델의 논의에 대해서는 비즈니스 모델이라고 해서 특허를 인정할 수 없다는 이유는, 비즈니스 모델이기 때문이 아니라 이들이 이전부터 있었던 아이디어였다는 다른 이유까지 설명까지 덧붙였다.

금융 비즈니스에서 일반 비즈니스로

더구나 스테이트 스트리트 뱅크 판결이 갖는 사고 방식이 금융 서비스에만 적용된 것이 아님을 여실히 증명한 것이 AT&T사와 엑셀 커뮤니케이션사 사이에 분쟁이 일어났던 재판에서 내려진 CAFC 판결이다.

스테이트 스트리트 뱅크 판결이 있은 뒤 9개월 후인 1999년 4월, CAFC는 AT&T의 '가입자 통화 기록에서 통화 수신자가 어느 장거리 전화회사와 계약을 맺고 있는가를 식별하고, 데이터 베이스에 남겨서 같은 전화회사의 계약자라면 통화 요금을 할인하는 등의 마케팅에 활용하는 방식'(미국 특허 5333184)에 대해 특허성을 인정했다.

이와 같은 수신자 측이 계약한 장거리 전화회사의 정보를 발신자에 대한 마케팅에 활용하는 것은 비교적 일반적으로 행해져왔다는 점에서, 이런 것까지 특허를 인정받게 됐을 때 다른 장거리 전화회사가 받게 되는 영향은 컸던 것이다.

그러나 법원은 스테이트 스트리트 뱅크 판결을 인용하여 비즈니스 모델에 대한 특허를 인정함과 동시에, 이 같은 기법으로 특허를 부여하기 위한 신규성 판단은 AT&T가 특허를 신청했던 1992년 당시를 기준으로 해야 한다는 판단이 내려졌다.

요컨대, 그 후 같은 아이디어를 고안하여 같은 서비스를 전개했던 장거리 전화회사가 있었다고 한다면 그것은 특허 침해가 된다는 판단이다.

그러나 이 분쟁은 CAFC의 판결을 받아들여 지방법원에 회송되었고, 그 결과 해당 발명은 1992년 시점에서도 예측 가능한 것으로 결국 특허는 인정받지 못했다.

그런 의미에서 이 사건은 금융 서비스 이외의 경우라 하더라도 비즈니스 모델을 갖고 특허성은 부정되지 않는다는 것을 여실히 증명한 한편, 특허를 얻기 위해서는 다른 기술 등과 마찬가지로 신규성, 비자명성이 필요하다는 것을 명확히 했다는 의미도 갖는다.

본격화된 비즈니스 모델 특허의 출원 쇄도와 투쟁

스테이트 스트리트 뱅크 판결이나 AT&T 판결이 나온 가운데,

▼ 특허를 인정받은 AT&T사의 비즈니스 모델

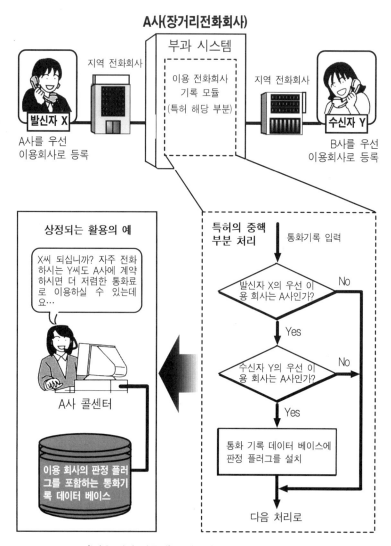

['니혼 경제 컴퓨터' '99년 9월 13일호 p139의 도판을 토대로 작성]

미국에서는 비즈니스 모델에 대한 특허 출원이 폭발적으로 증가했다. 특히 인터넷상의 비즈니스에 대해 특허를 인정받는 사례를 볼 수 있게 되었다.

이러한 특허 인가의 움직임이 새로운 특허 출원의 증가를 촉구하는 식으로 순환되고 있다.

이러한 특허 출원·인가가 쇄도함에 따라 발발하기 시작한 것이 비즈니스 모델 특허 침해의 유무를 둘러싼 투쟁이다.

일본에서도 미국의 비즈니스 모델 특허 확대의 움직임을 따라가는 경향을 보이고 있으며, 비즈니스 모델 특허의 출원이 급증하는 추세이다 하지만 특허로 인정받은 경우는 별로 없다.

여기서 주의를 요하는 것은 미국과 일본의 특허를 둘러싼 상황의 차이이다. 일본에서는 특허를 인정받는 일이 비교적 쉽지 않지만, 일단 특허가 성립되면 일반적으로 간단히 법원에서 무효가 되는 경우는 별로 없다.

이에 비해 미국의 경우에는 특허청에서 특허를 인정받아도 법원에서 무효가 되는 경우를 흔히 볼 수 있다. 되돌아온 지방법원에서 특허 무효 판결을 받은 AT&T사의 경우도 그 일례라고 할 수 있을 것이다.

따라서 현재 발발하고 있는 분쟁의 원인이 되는 비즈니스 모델에 대해 법원이 어떤 판단을 내릴지 주목해야 할 것이다.

여하튼 일본에서 어떤 비즈니스 모델이 특허로 인정받거나 출원되는지, 또한 어떤 다툼이 일어나고 있으며 어떤 불씨가 있는지에 대해서는 제5장 '비즈니스 모델 특허의 출원 쇄도와 분쟁'의 '비즈니스 모델 특허의 구체적 사례'에서 상세하게 설명하겠다.

어쨌든 분명한 것은 그 시비를 떠나 비즈니스 모델 특허를 둘러싸고 대기업이나 벤처기업의 구별 없이 발빠르게 움직이기 시작했다는 사실이다.

미국에서는 법률로 규정

미국에서는 1999년 11월에 특허법이 개정되어 비즈니스 방법에 대해 '선발명자권'(일반적으로는 '선사용자권'이라고도 하는데 영문으로는 'ealier inventor'이므로, 여기서는 '선발명자권'이라 부른다)이라는 것이 인정을 받았다.

이것은 비즈니스를 하기 위한 방법에 대해 그것이 특허가 되어 있다 하더라도, 그 특허가 출원되기 1년 전의 시점까지 그것을 현실에 반영한 사람(즉, 발명을 완성시킨 사람)이자 동시에 그 출원 직전까지 상업적으로 사용했던 사람은 특허권 침해 소송에 대해 대항할 수 있다는 것이다.

이 개정의 배경으로는 미국에서는 특허법 제102조(b)에 의해 가령, 비밀리에 사용하고 있다 하더라도 상업적으로 사용하여 1년을 경과하면 발명한 본인이라도 특허를 취득할 수 없게 된다.

이는 선발명주의를 채용하면서 발명자에게 출원을 촉구하는 제도로, 미국 특허법에 편성된 제도이다.

이 제도 아래서는 비즈니스 방법에 대해 종래(특히, State Street Bank 이전)에는, 특허가 될 수 없다고 생각하고 특허 출원을 하지 않은 채 트레이드 시크리트(영업 비밀)로 사용한 기업은 이미 실시한 지 1년 이상이 경과하여 스스로는 특허를 취득할 권리를 잃는 한편, 타인이 특허를 취득하는 것을 저지할 수 없게 될 가능성이 있다.

그래서 특허권자보다 먼저 발명했다 하더라도 특허를 취득하지 못하고, 영업 비밀로 사용해온 기업에 방어(defence)를 인정하기 위해 이번에 선발명자권이 인정되었다.

그러나 이 특허법 개정법안의 심의 중에는 방어의 확대를 요구하는 입장(금융기관)과 방어를 한정하는 입장(개인 발명가 등)이 있었기 때문에 최종적으로는 1년 전까지의 현실 실시와 출원 직전까지의 상업적 이용이라는 타협안을 내놓게 된 것으로 풀이된다.

이 개정에 대해서는 '비즈니스 방법'이나 '상업적 사용' 등의 용어의 정의나 의미가 애매하거나 특수한 경우, 그리고 여러 이익 단체에 의해 당초의 법안을 수정해버린 경우(예를 들어, 당초에는 비즈니스 방법에 한정되지 않고, '선발명자권'을 인정하도록 하는 안이었다) 등에서 앞으로의 운용이 불투명한 부분이 많고 법원의 판단 여지가 크게 남아있다고 할 수 있다.

일본 특허법에서는 제79조에 '선사용에 따른 통상 실시권' 규정이 있으며, 특정 분야에 상관없이 특허가 출원되는 시점에서 국내에서 그 발명을 사용하는 사업을 하고 있는 사람이나 사업 준비를 하고 있는 사람은 통상 실시권을 자동적으로 얻을 수 있게 된다.

제 4 장
비즈니스 모델 특허의 개발

비즈니스 모델이란?

비즈니스 모델 특허 개발의 큰 흐름은 다음의 세 가지로 나타낼 수 있다.

① 비즈니스 모델의 발상

② 비즈니스 모델의 발상을 시스템으로 설계

③ 이 시스템을 특허로 성립시키는 것

이러한 순서에 따라 먼저 비즈니스 모델 발상부터 살펴보기로 한다.

비즈니스 모델이란, '어떤 비즈니스를 할 때의 구상 전체'라고 생각하면 된다. 팔거나 사거나 만들거나 운반하거나 비즈니스에 관한 구상 전반을 포함하고 있다고 할 수 있다. 자사의 구조 뿐 아니라 관련 기업이나 고객까지 포함하는 경우도 있을 것이다.

그래서 경쟁중인 타사보다 경쟁력이 높은 비즈니스 모델을 개발하는 것이 사업의 성공 요인이라는 사실은 더 이상 설명할 필요가 없을 것이다.

비즈니스 구조에는, 큰 구조에서 세세한 구조까지 추상도에 따라 여러 단계가 있다.

큰 구조에서 혁신적인 것을 개발하는 일은 쉬운 일이 아니지만, 그만큼 기대할 수 있는 성공도 커진다고 할 수 있다.

반대로 세세한 구조의 구체적인 구상을 보면 대체 안은 몇 가지 생각해낼 수 있지만, 결정적으로 효율이 다른 구조를 만들기는 쉽지 않다.

비즈니스 모델 특허가 사회의 주목을 받고 있는 것은 보다 큰 구조에서의 비즈니스 구상이 특허로 권리화되는 것에 대한 기대와 불안 심리가 작용하기 때문이다.

우선은 특허화 되느냐의 여부에 구애받지 않고 큰 구조에서 혁신적으로 업계의 비즈니스 구조를 바꿔나간 사례를 몇 가지 살펴보기로 한다.

월마트

월마트사의 비즈니스 모델은 기존의 슈퍼마켓 업계의 비즈니스 상식을 크게 뛰어넘는 것이었다.

가장 큰 차이는 '집중 개점'에 있다. 오늘날 편의점 체인이나 패스트푸드 체인점의 당연한 전략이 되어버렸지만, 당시로서는 획기적인 것이었다.

하나의 상권에 자사 점포를 몇 군데 개점하면 소위 파이 싸움이 될 것이라는 생각이 일반적이었기 때문이다.

그러던 중 월마트는 어느 지역에 집중적으로 점포를 개점하면 트럭으로 상품 배송을 효율적으로 할 수 있다는 것을 발견하게 되었다.

여러 곳에 떨어져 있는 점포에 각각의 다른 트럭으로 배송하지 않고, 인접해 있는 점포에 트럭 한 대로 배송하는 것이 훨씬 효율적이라는 것은 명백한 사실이다.

트럭의 이용으로 상품 배송 비용의 절감뿐 아니라 점포의 노출도를 높여 브랜드의 침투와 확립에도 성공할 수 있었다. 소비자는 자주 눈에 띄는 간판에 친근감과 신뢰감을 갖는 경향이 있기 때문이다.

상권 선택 방법 자체도 매우 혁신적이었다. 미국 중서부의 중규모 도시를 주요 대상으로 삼았던 것이다. 대도시만이 이익을 창출해내는 상권이 아니라는 것을 월마트사는 발견했다.

월마트사는 이 밖에도 근대화된 물류 센터 건설이나 초대형 데이터 베이스 시스템에 의한 고객 기호 분석, 제조업체와 일체가 된 재고 삭감 등 각종 비즈니스 모델을 개발하였다.

월마트사의 이러한 비즈니스 방식은 수년간 슈퍼 업계의 표준으로 군림하기에 이르렀다.

델 컴퓨터

델 컴퓨터사도 몇 가지 비즈니스 모델을 개발하여 짧은 기간에 현재의 성공을 실현한 사례에 꼽힌다.

델 컴퓨터사는 먼저 초보자가 아니라 컴퓨터에 어느 정도 숙련된 층을 주고객층 삼는 영업 전략을 택했다.

그들이 요구하는 고성능 제품 확보를 강화하는 한편, 초보자를 대상으로 하지 않는 대신 고객 지원 비용을 낮게 책정하는 데에 성공한 것이다.

또한 전화 주문을 비즈니스의 기본으로 삼아 운영자가 고객의 요구에 맞는 퍼스널 컴퓨터에 콤포넌트를 조합하는 형태로 실현하는 비즈니스 모델도 확립하였다.

이것은 몇 가지의 선택 사항을 갖춘 CPU나 메모리, 하드디스크 등을 편성하여 생산 구조에 맞는 획기적인 비즈니스 모델이 되었다. 이러한 방식도 지금은 퍼스널 컴퓨터 업계의 표준이 되었다.

뿐만 아니라 델 컴퓨터사는 콤포넌트를 납품하는 제조회사에 재료비를 지불하기 전에 고객에게서 매출을 회수한다(캐시 투 캐시 사이클이 마이너스)는 획기적인 비즈니스 모델도 개발하고 있다.

이치상으로는 콤포넌트 제조회사에 지불하기 전의 현금(캐시)을 단기 투자로 돌려서 실제 컴퓨터 매출 이상으로 수익을 확대할 수 있다.

캐시 투 캐시 사이클이 마이너스가 되는 고속 비즈니스 사이클을 갖는 비즈니스 모델에게 정보의 정체는 일체 허용되지 않는다. 그렇기 때문에 델 컴퓨터사의 비즈니스 모델은 IT(Information Technology)를 최대한 활용하고 있다. 델 컴퓨터사의 비즈니스 모델은 실제로 IT의 부산물이라고 할 수 있을 것이다.

프리토레이

프리토레이사는 포테토칩을 만드는 회사이다.

미국의 어느 슈퍼마켓에 들어가 봐도 눈에 들어오는 모든 포테토칩이 프리토레이사의 제품이라고 해도 과언이 아니다. 이 정도까지 미국인은 포테토칩을 좋아하는 것일까 하고 놀랄 정도이다.

그러나 이와 같이 한 회사의 상품이 한 눈에 모두 들어올 수 있도록 진열되어 있는 광경은 프리토레이사의 비즈니스 모델이 이룬 기법이며, 반드시 미국인이 포테토칩을 즐겨먹는 데서 발생한 광경이 아니라는 이야기를 하고 싶다.

포테토칩은 칼로리를 제거해서 먹으면 살이 찌는 영양을 거의 포함하지 않고 있다. 그러나 맛이 매우 좋은 편이기 때문에 한 번 먹으면 계속 손이 가는 식품 중의 하나이다.

소비자는 그 사실을 알면서도 결국 포테토칩 진열대로 손을 내밀어 제품을 사고 만다.

이런 특성을 가진 식품을 얼마만큼 효율적으로 판매하는가 하는 문제는 어떻게 많은 시간, 매장에 머무르는 구매자의 눈에 포테토칩 봉지를 눈에 띄게 하는가에 달려있다.

처음에는 포테토칩을 살 생각이 없었던 사람이라도 잘 포장되고 진열된 포테토칩 봉지를 보고 있는 동안, 결국에는 손을 뻗게 만드는 구매 충동을 이용한 것이다.

그래서 프리토레이사는 포테토칩 봉지를 선반에 진열한 면적에 해당하는 판매 촉진 협력비(이른바 '백 마진')를 슈퍼에 지불하고 있는 것이다.

슈퍼 입장에서는 이 액수가 매우 매력적인 금액이다. 때문에 미국의 거의 모든 슈퍼에서 프리토레이 포테토칩을 한 눈에 보이도록 진열하고 있는 광경이 실현된 것이다.

이를 실현하기 위해서는 백 마진을 지불하는 만큼의 이익 폭이

▼ 프리토레이사의 비즈니스 모델

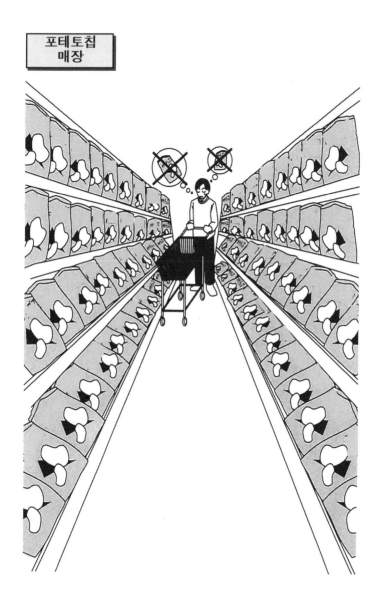

있어야 하며, 경쟁사와의 가격 경쟁력도 유지해야 한다.

이를 위해서는 제품을 얼마만큼 싸게 생산할 수 있는가 하는 생산 비용을 줄이는 일이 무엇보다 중요하다. 그러나 프리토레이사는 생산까지 포함한 일관된 비즈니스 모델로 경합 타사를 능가할 수 있었다.

프리토레이사의 비즈니스 모델은 매우 강력하며, 현재 미국의 포테토칩 시장을 끊임없이 독점하고 있다.

컨설팅 회사의 지식 경영

이 비즈니스 모델은 어떤 컨설팅 회사가 개발했는지 확실하지 않다. 독창성의 영예가 귀속되는 점을 제외하고라도 지식을 실현하지 않은 다른 부가가치 서비스 제공자를 몰아낸 점에서 비즈니스 모델의 우수함을 충분히 증명하고 있다.

지식이란, 일을 해 나가는 과정에서 개인 개인에게 축적되는 노하우를 조직에서 공유해 나가는 것을 의미한다.

현재, 이 비즈니스 모델이 널리 확대되면서 살아남은 많은 컨설팅 회사에서는, 컨설팅 성과를 일반화하였다(수비(守秘) 의무가 있기 때문에 그대로 유용할 수 없다).

그리고 그 사례를 들어 사내(社內)의 누가 어떤 프로젝트를 담당했는가를 인재 정보로 데이터 베이스화하고 있다. 데이터 베이스를 활용하여 입사한 지 얼마 안 된 컨설턴트에게도 약간의 경력을 필요로 했던 컨설팅 서비스를 맡기도록 했다.

경험이 많지 않은 컨설턴트에게라도 컨설팅 서비스를 맡기도록

함으로써, 컨설턴트의 봉급을 낮추는 것과 비즈니스 규모의 확대라는 두 가지 결과를 실현할 수 있게 되었다.

인건비를 낮추는 것과 매출 규모의 확대를 동시에 실현하고 있기 때문에, 실제로 이러한 비즈니스 모델은 호랑이에게 날개를 달아준 격이 되고 있다.

이러한 사례의 공유를 바탕으로 이루어진 비즈니스 모델은 최근 컨설팅 회사의 규모 확대 경향을 유지시켜주는 역할을 하고 있다.

스톡옵션

이 비즈니스 모델 역시 창설사를 특정하기는 어렵지만, 벤처기업의 발전에는 결코 빼놓을 수 없는 제도가 바로 스톡옵션이다.

일반적으로 우수한 인재에게는 고액의 연봉을 지급할 필요가 있다. 그러나 고액의 급여는 고정비를 인상시켜 기업의 가격 경쟁력을 떨어뜨린다는 문제점을 안고 있다.

그래서 기업이 직접 지불하는 것이 아니라 주식시장에서 투자가가 지불하는 스톡옵션의 매각 이익을 주는 방식으로, 우수한 인재를 낮은 연봉에 고용할 수 있는 제도가 생겨났다. 이것이 바로 스톡옵션이다.

주가 자체가 기업 업적과 밀접한 관계를 갖고 있기 때문에, 스톡옵션은 인재에게 기업 수익의 향상을 지향시키는 강렬한 인센티브인 셈이다.

따라서 스톡옵션은 우수한 인재 확보와 우수한 인재의 기업 업적 향상이라는 두 가지 성과를 동시에 거둘 수 있는 강력한 비즈니

▼ 스톡옵션의 비즈니스 모델

스 모델이라고 할 수 있다.

이상에서 살펴본 바와 같이 비즈니스 모델은 매우 강력한 힘을 지녔다. 업계의 성공 사례가 되고 있는 이러한 새로운 방식은 수년에 걸쳐 업계의 표준이 되고 있다.

이것은 성공 비즈니스 모델의 도입 없이는 업계에서 살아남을 수 없다는 것을 의미하기도 한다.

이 강력한 비즈니스 모델이 특허화되고 독점적으로 권리화된다면 업계 자체를 독점하는 것과 같은 상황이 벌어진다고 할 수 있다. 만약 이러한 일이 벌어진다면 비즈니스 모델 특허는 가공할 만한 것이 될 것이다.

비즈니스 스쿨(졸업 후에 취득하게 되는 학위가 이른바 'MBA') 에서 이루어지는 수업의 대부분은 비즈니스 모델의 논의에 할애된 다. 각종 기업의 성공 사례나 실패 사례를 논의하여 성공의 본질이 나 실패의 본질을 파악하는 훈련을 반복하는 것이다.

미국에서는 해마다 5만 명 이상이 MBA를 취득하는 데(야간, 주 말, 통신교육 포함), 이는 일본인 취득자 500명과 비교해보면 엄청 난 차이가 있음을 알 수 있게 해준다.

일본 내에서도 MBA 취득이 가능한 대학원 교육을 시도하고 있 지만, 미국에 비하면 한참 미치지 못하는 것이 현실이다.

비즈니스 모델을 개발하는 것이 비즈니스 성공의 중요한 요인이 라는 관점에서 본다면, 일본에서도 더욱 비즈니스 스쿨 교육의 발 전이 필요하다고 볼 수 있다.

일본에서 MBA 취득이 가능한 비즈니스 스쿨

MacGill MBA Japan, Ecole Nationale des Ponts et Chaussees, Temple University Japan, 국제대학, 게이오 대학, 와세다 대학, 고 베 대학, 쓰쿠바 대학, 간사이 대학, 아오야마 대학, 호세 대학, 니혼 대학, 그로비스, Boston University, 산요 전기, 비즈니스 블레이 스 쿨(University of South California) 등.

비즈니스 모델의 시스템화

제1장 '비즈니스 모델 특허의 충격'에서 언급한 바와 같이, 비즈니스 모델을 특허화하기 위해서는 비즈니스 모델을 정보 시스템(소프트웨어)으로 기술할 필요가 있다.

정보 시스템으로 기술하지 않아도 특허화될 가능성이 없는 것은 아니다. 하지만 확실하게 특허화하기 위해서는 정보 시스템으로 기술하는 것이 유리하다. 이러한 상황은 현재 한국이나 일본 뿐 아니라 미국에서도 거의 같다고 볼 수 있다.

비즈니스 모델 특허 개발의 다음 단계로, 정보 시스템의 설계 기법에 대해 검토해보기로 하자.

이 부분은 비즈니스 모델 특허를 개발할 때 핵심이 되는 부분이라고 해도 과언이 아니다. 다시 말해 아이디어를 '특허의 대상이 될 수 있는 발명'으로 승화시키는 과정이라고도 할 수 있다.

정보 시스템 설계 기법

정보 시스템 설계 기법에는 다음의 세 가지가 있다.

① 업무 흐름 발상 : 현재 일의 진행 방식을 그대로 컴퓨터화하는 사고 방식

② 업무 기능 발상 : 현재의 일이 진행되는 목적에 관점을 두고 추상화하여 컴퓨터의 구조를 설계하는 방식

③ 패키지 적용 발상 : 이미 이루어진 소프트웨어에 일의 방식을 접목시키는 사고 방식

물론 정보 시스템의 설계 기법은 이제까지 수십 년씩 연구되어 온 분야이기 때문에 분류 방법도 여기에 나타낸 세 가지 이외에도 얼마든지 존재하고 있으며, 유명한 기법을 손으로 꼽아보기만 해도 수백 종류에 달한다고 알려져 있다.

그러나 여기서는 대략적 분류와 기본적 사고 방식을 예로 들어 보기로 한다.

흥미로운 사실은 특허청 운용 방침에 나와 있는 '기존의 업무 절차를 컴퓨터로 처리하는 일에는 진보성을 인정할 수 없다'는 점이다. 특허화할 수 있느냐 없느냐를 판단할 수 있는 기준인 '신규성'과 '진보성' 중 하나인 '진보성'에 관한 판단 기준이다.

이 운용 방침에서 보면 '업무 흐름 발상'에서 설계한 정보 시스템은 특허화되기 어렵다. 업무 흐름 발상에서는 현재하고 있는 업무를 컴퓨터로 전환함으로써 정보 시스템을 설계하고 있기 때문이다.

'업무 기능 발상'과 같이 일단 현재의 업무 진행 방식을 '목적'의 관점에서 추상화하여, 현재 방식과는 다른 방법(물론, 보다 효율적인 방법)으로 실현시키면 특허화가 가능하다.

▼ 세 가지 정보 시스템 설계 기법

(1) 업무 흐름 발상

업무의 흐름을 그대로 전산화한다

(2) 업무 기능 발상

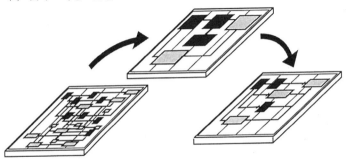

업무의 흐름을 일단 추상화한다

(3) 패키지 적용 발상

현재의 업무 진행 방식을 효율적인 업무 방식에 맞춘다

업무 기능 발상은 발상을 전환하는 기법이라고도 할 수 있다. 예를 들어 춥다고 느낄 때에는 따뜻해지는 것이 목적이 된다.

이 목적을 달성하려면 옷을 한 벌 더 입는 방법도 있고, 뛰어서 열을 내는 방법도 있다. 상황이 된다면 불을 피우는 방법도 있을 것이다. 목적(=기능)으로 거슬러 올라간 발상의 방법으로, 일을 보다 효율적으로 하기 위한 기법이 업무 기능 발상이다.

또 한 가지 패키지 적용 발상은 정확하게는 정보 시스템 설계 기법이 아니라, 미리 개발된 소프트웨어에 따라 실제 비즈니스를 해나가려는 사고 방식이다(완성된 소프트웨어인 소프트웨어 패키지를 줄여서 '패키지'라고 부른다).

패키지 적용 발상은 어떤 의미에서는 비즈니스 모델 특허 그 자체라고도 할 수 있다. 소프트웨어로 완성되고 있는 가장 효율적인 방식에 현재의 업무 진행 방식을 맞추려는 사고 방식이기 때문이다. 이 소프트웨어가 특허화되면 비즈니스 모델 특허를 사용한 새로운 비즈니스 모델의 실현 그 자체라고 할 수 있을 것이다.

'기존 업무 절차의 컴퓨터 처리'를 뛰어넘어

여기서는 비즈니스 방식을 '기존의 업무 절차를 컴퓨터로 처리'하지 않는 것을 입증하여, 특허로 성립시키는 방법에 대해 검토해 보기로 하겠다.

시티뱅크의 전자 화폐 특허와 같이 미국 특허청과의 긴 심의를 거쳐 최대한의 추상도를 유지하여 성립시킨 특허도 있다.

그러나 여기까지의 거대한 특허는 예외적이라고 할 수 있다. 거대한 특허도 결국에는 기본적인 사고 방식의 집합체이므로, 기본적인 사고 방식에서 벗어나는 일부터 시작해보기로 하자.

정보 시스템은 기본적으로 입력 장치, 입력한 대로 처리하여 결과를 출력하는 장치로 되어 있다.

여기서의 입력, 처리, 출력 부분에 특징을 주어 기존의 업무 절차를 넘어서는 구상으로 특허화를 지향할 수 있다.

다시 말해 처리에 필요한 정보를 입력하고 처리 결과를 출력하는 것이므로, 가장 중요한 부분은 처리 부분이라고 할 수 있다. 그렇기 때문에 처리 부분에 특징을 준다면 기존의 업무 절차에서 한 단계 진보할 수 있다는 사실이 명확해진다.

[특허를 내기 위한 관점의 예]
- 지금까지 이용하지 않았던 정보를 채택한다
- 지금까지와는 다른 정보를 정리한다
- 지금까지와는 다른 판단 기준을 갖는다
- 지금까지 출력되지 않았던 이용처에 정보를 보낸다

비즈니스 모델의 특허화

비즈니스 모델의 아이디어가 떠올라서 그것을 정보 시스템으로 설계할 수 있게 되면, 이후에는 특허로 권리화할 수 있다(이 부분은 변리사와 상담하는 것이 일반적이다).

특허화할 때에는 다음의 세 가지 과정을 밟게 된다.

① 어느 부분을 특허로 만들 수 있는지 조사한다

② 특허 출원 서류의 작성

③ 특허를 성립시킨다

어느 부분을 특허로 만들 수 있는지 조사한다

특허 데이터 베이스를 검색하여 공지되지 않은 부분(이것이 '발명')을 찾는다. 특허 데이터 베이스에 존재하지 않아도 간행물에 발표된 것도 특허화 대상에서 제외된다.

일본의 경우에는 출원 후 18개월은 내용이 공개되지 않기 때문에, 데이터 베이스를 검색하여 공지된 사실이 나타나지 않아도 공개되지 않은 출원 가운데 존재할 가능성도 있다.

현재는 특허청 홈페이지에서 여러 측면에서 특허를 검색할 수 있기 때문에, 이 부분의 검색이 훨씬 즐거워졌다. 기존에는 같은 특허를 비교해보고 특허가 될 만한 부분과 없는 부분을 명확히 구분하여 특허 신청 범위를 결정했다.

또한 비즈니스 모델 특허로 생각되는 경우에는 개별적으로 특허화되고 있는 특허를 실현 수단의 근간으로 삼아, 보다 큰 구조 전체를 통해 특허로 만들 수 있는지의 여부를 검토할 수도 있다.

특허 출원 서류의 작성

특허화를 지향하는 범위가 결정되면 그 부분을 특허로 만들기 위한 특허명세서를 작성한다. 특허명세서 작성에 관해서는 많은 문헌이 출판되어 있으므로 참고하기 바란다.

특허명세서에는 다음 항목을 기술한다.
- 발명의 명칭
- 특허 청구의 범위
  - 발명의 상세한 설명
  - 발명이 속한 기술 분야
  - 종래의 기술
  - 발명이 해결하고자 하는 과제
  - 과제를 해결하기 위한 수단

- 발명의 실시 형태
- 실시 예
- 발명의 효과
● 도면의 간단한 설명

비즈니스 모델 특허로 기술하려면 '발명의 실시 형태' 중에서 도면을 이용하여,

① 정보 시스템의 전체 구성
② 정보 시스템의 작업 처리 순서도
③ 정보 시스템에 포함되는 데이터 베이스의 구성

적어도 이 세 가지는 반드시 기술할 필요가 있다.

특허를 성립시킨다

출원된 특허의 대부분은 제출한 그대로 특허를 인정받기 어려운 것들이다.

특허 심사관이 보내는 거절 이유 통지에 대해 의견서나 보정서를 제출하여 심사관과의 의사 교환을 거친 후에야 특허가 된다. 심사관만이 아니라 공개된 출원에 대해서는 제3자에게서 특허가 공지 기술이 되는 이유 등의 정보를 제공받는 경우도 있다.

이러한 의사 교환을 거쳐 특허 심사가 내려진 후에도 이의 신청을 받게 되는 경우가 있으며, 이것을 뛰어넘은 후에야 비로소 특허로 인정받게 된다.

특허명세서를 쓰는 일 자체는 그렇게 어려운 것은 아니지만, 특허 조사와 특허 성립까지의 보정은 상당히 까다롭다고 할 수 있다.

▼ 비즈니스 모델 특허의 '발명 실시 형태'에 기술해야 할 3요소

❶ 정보 시스템의 전체 구성

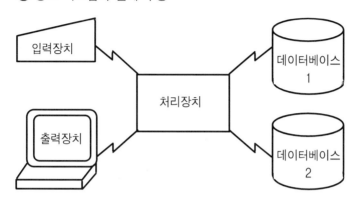

❷ 정보 시스템의
작업 처리 순서도

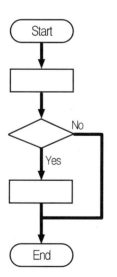

❸ 정보 시스템에 포함되는
데이터베이스의 구성

데이터베이스 1

항목1	항목2	항목3	항목4

데이터베이스 2

항목1	항목2	항목3	항목4

성립성과 현저성

특허청의 지침에 따라 특허명세서를 작성하고 거절 이유나 이의 신청에 대해 보정하게 되면 특허로 성립될 수 있다(성립성).

그러나 타사가 그 특허의 침해 여부를 입증하는 것은 간단한 문제가 아니다. 왜냐하면 타사가 그 기술을 사용하고 있는지는 밖에서 보고 확인해야 하기 때문이다.

타사가 내부 비즈니스 논리를 공개하는 경우는 없다. 그러므로 밖에서 봐도 특허 침해가 명확하게 쓰여진 특허만큼 대항력이 강한 특허라고 할 수 있다(현저성).

비즈니스 모델 특허화의 실제

앞에서 언급했던 월마트의 비즈니스 모델을 예로 들어보자.

'집중 개점'만으로 특허화하는 것은 쉬운 일이 아니지만, 개점의 옳고 그름을 판단하는 구조는 특허가 될 수 있을 것이다.

상권의 인구 데이터, 소득 데이터에서 얻은 예상 매출과 배송 비용 및 광고 효과를 감안하여 어느 개점 후보지의 점포 개점 가부를 판단하는 방식은 특허화될 수 있다.

물론 이러한 경우에 이미 타사에 의해 특허 신청을 받지 않았다는 것을 전제로 하게 된다.

또한 특허화할 수 있다고 해도 이 특허를 취득하는 것으로 경쟁업체가 어느 지역에 집중 개점의 수익성을 예측할 수 있는 것은 아니며, 경쟁업체가 집중 개점하는 것을 저지할 수 있을 정도의 힘을 기대하기는 어렵다.

▼ 특허 침해를 조사하는 것은 쉬운 일이 아니다

사용 방법으로는 어느 상권으로의 개점 여부를 판단하는 소프트웨어 패키지로 판매하는 것이 최선일 것이다.

델 컴퓨터사는 자사의 비즈니스 모델에 관해 많은 특허를 신청했다. 조립가공업의 공급 사슬에 대해서는 매우 강력한 비즈니스 모델로 압도하고 있기 때문에, 퍼스널 컴퓨터 사업의 다음 사업 전개로 비즈니스 모델 특허 라이선싱이나 비즈니스 모델 특허를 소프트웨어 패키지화하는 판매 방식도 고려할 수 있다(사업 규모와 수익을 어디까지 기대할 수 있느냐에 달린 문제이지만).

프리토레이사의 경우도 백 마진의 산정 방법을 특허화할 수 있을 것이다. 이것도 월마트사의 경우와 마찬가지로 패키지 산정 방법을 특허화한다 해도 타사는 그 특허를 사용하지 않고 백 마진 산정 방법을 개발할 수 있을 것이고, 타사가 백 마진에 따른 상품 진열대 면적을 확보하는 것을 저지하는 일도 쉽지 않을 것이다.

특허로 성립되는 것만을 고려한다면 '기존 업무 절차의 컴퓨터 처리'를 넘어서는 특징만 넣어도 충분하다.

그러나 비즈니스 모델 특허로 경쟁중인 타사의 비즈니스 전개에 대항력을 갖기 위해서는, 프라이스라인사나 시티뱅크사가 출원하고 있는 특허와 같이 광범위하면서도 한계까지 추상도를 높일 수 있는 특허 취득이 요구된다.

비즈니스 모델 엔지니어

지금까지 비즈니스 모델 특허를 개발하는 절차에 대해 대략적으로 살펴보았다.

이제부터는 비즈니스 모델 자체를 개발하기 위해서는 어떤 지식이 필요하며 어떤 인재가 요구되는가를 살펴보기로 하자.

비즈니스 모델을 개발할 수 있는 인재를 '비즈니스 모델 엔지니어'라고 부르기로 하자.

비즈니스 모델을 개발하기 위해서는 대상 분야의 전문 지식을 갖는 것이 가장 중요하다. 더불어 경영적 시각과 정보 시스템적 시각을 갖출 필요가 있다.

대상 분야의 전문 지식

대상 분야란, 예를 들어 공급 사슬이나 금융 거래라는 비즈니스 모델이 감당할 수 있는 범위를 말한다.

여기서 말하는 공급 사슬에는 물건을 구입하거나 만들기도 하고, 운반하거나 파는 행위도 포함된다.

이러한 업무 하나 하나, 또는 하나의 집합체로서 일련된 것이 비즈니스 모델이다.

비즈니스 모델을 개발하기 위해서는 개발할 비즈니스 모델 자체에 대한 상세한 지식이 필요하다.

이 대상 분야에 대한 전문 지식은 비즈니스 모델 개발의 전제 조건이 된다. 따라서 대상 분야에 관한 전문 지식 없이는 비즈니스 모델을 개발할 수 없다.

예를 들어 공급 사슬의 경우 수요 예측, 재고 보충, 생산 및 조달 일정 작성, 과정의 동기화 등을 특허로 검토할 수 있는(지금까지도 검토되어 왔다) 전문 지식에 해당한다.

금융 거래에서의 전문 지식은 자산 운용이나 금융 파생 상품, 증권화, VAR(Value At Risk), ALM(자산부채관리) 등이라고 할 수 있을 것이다.

공급 사슬이나 금융 거래에서 이들은 모두 경영 효율화의 열쇠를 쥔 주요 테마 그 자체이다. 또한 각각의 테마에 대해 정보 시스템의 효율성으로 비즈니스 경쟁을 하고 있는 분야이기도 하다.

공급 사슬의 경우, 어떻게 하면 재고를 줄이고 현금(캐시)을 빨리 거둬들일 수 있는지 경쟁하거나, 금융 거래의 경우에는 어떻게 하면 위험 부담을 정확하게 파악하여 수익을 최대화할 수 있는지 경쟁한다.

또한 공급 사슬과 금융 거래가 교차되는 결제 부분에서는 수많은 비즈니스 모델을 생각할 수 있다.

크레디트 카드 결제 방식 자체도 다양한 과제를 안고 있으며, 다양한 해결 수단을 찾을 수 있다. 입금 확인 방법부터 신용 공여의 한도액 설정까지 다양한 테마가 있다.

하지만 결제 방식에 대해서는 이미 무수히 많은 특허가 출원되어 경쟁이 심하다는 사실은 더 말할 필요도 없다.

비즈니스 모델 개발에 있어서 전문 지식과 함께 요구되는 것이 경영적 시각과 정보 시스템적 시각이다.

이제 경영적 시각과 정보 시스템적 시각에 대해서 알아보기로 하자.

경영적 시각

실제로 어떤 일을 담당하게 되면 그 분야의 전문 지식은 완벽히 갖춘 상태에서 효율적인 개선을 위한 아이디어도 여러 가지 생각해낼 수 있다.

그 아이디어를 정리하는 구조가 경영적 시각이 된다. 일의 방식에 대한 아이디어가 경영적으로 어떤 이점을 가져오는지 명확히 해두어야 하기 때문이다.

비즈니스 모델을 생각할 때에는 이익이 생길 만한 구조나 투자 효과를 평가하는 사고 방식, 그리고 시장 규모를 추정하는 방법 등에 대한 지식이 필요하다.

단적으로 말하자면 회계나 재무, 마케팅에 관한 관점을 잘 파악하는 것이 필요하다는 것이다.

이하, 각각의 요소를 살펴보기로 하자.

● 회계의 시각

매출에서 비용을 빼면 이익이 된다는 사실은 누구나 알고 있다. 하지만 조금 더 앞선 지식을 몸에 익혀둘 필요가 있다.

예를 들어, 운전 자금 감각은 필수라고 할 수 있다. 델 컴퓨터사와 같이 외상 매입보다 먼저 외상으로 팔아 회수하는 비즈니스 모델은 예외적인 것이다(그렇기 때문에 비즈니스 모델이라고 할 수 있지만).

일반적으로는 사업이 확대되면 외상 판매 회수보다 먼저 외상 매입 지불이 확대되어 자금 조달이 어려워진다. 운전 자금 감각은 많은 비즈니스 모델에 관련된 테마라고 할 수 있다.

이 밖에도 사업을 계속해 나갈 때의 비용 요인에 대한 대략적인 이해도 필수 조건으로 꼽을 수 있다. 비용에 관한 시야가 좁으면 비용의 요인을 놓치게 되는 경우로 이어지기 때문이다.

뿐만 아니라 손익계산서와 대차대조표, 현금흐름계산서의 구조에 대해서도 충분히 이해해둘 필요가 있다(다음 페이지 '재무 3표의 관계' 그림 참조).

재무제표는 비즈니스를 평가하는 공통 의정서이므로 기호를 선택할 여지가 없다고 할 수 있다.

● 재무의 시각

재무란, 사업을 위해 투자가에게서 자금을 끌어 모으는 것을 말한다. 투자가에게서 자금을 모으기 위해서는 투자가에게 투자가 수익을 낼 수 있다는 것을 명확하게 설명할 수 있어야 한다. 그렇기 때문에 재무 시각의 근간은 투자 수익 예측에서 비롯된다.

투자 수익 예측의 가장 일반적인 방법은 정미현재가치(NPV=

▼ 재무 3표의 관계

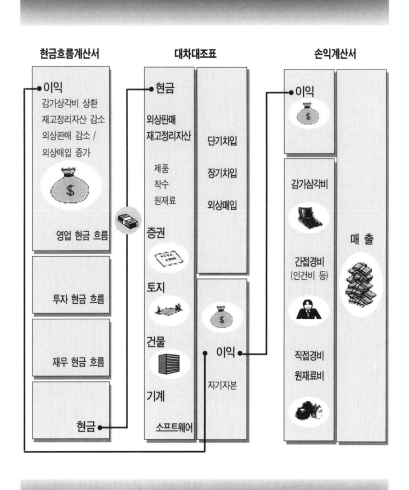

Net Present Value)법이다. 정미현재가치법은 이자율을 고려한다는 점에서 그 특징을 찾을 수 있다.

단순히 수익이 플러스가 되면 좋다는 식에 그치지 않고, 다른 투자 수단(예를 들어 예금 등)보다도 높은 수익을 기대할 수 있어야 한다는 점을 고려해야 한다.

비즈니스 모델을 고려할 때에도 마케팅 시각에 맞춰 어느 정도의 수익을 올릴 수 있는지를 늘 염두에 둘 필요가 있다.

기대 수익의 산정 자체도 비즈니스 모델로 특허화할 수 있는 유망 분야 중 하나이다. 그렇지만 이미 많은 특허가 신청되었고, 경쟁이 심한 분야임에는 틀림이 없다.

● 마케팅의 시각

지역별, 인구 통계별, 기호 그룹별 등으로 시장 구획을 설정하여 시장 규모를 상정하는 것이 마케팅의 제1단계이다.

이 단계에서는 상정하는 시장에서 모의 마케팅을 실시하고, 마케팅 계획을 수정하면서 목표 달성을 위해 노력한다.

목표로 삼는 시장 규모를 달성하기 위해서는 선전이나 판촉 등이 필요하다(CM이나 세일 등). 물론 여기에는 비용이 들기 때문에 비용 대 효과를 따져보고 실시해야 한다.

모의 마케팅의 결과나 시장 투입 후의 고객 분석도 비즈니스 모델로 특허화할 수 있는 유망한 분야 중 하나이다.

이 책의 147페이지에서 소개하는 NTT 출원 특허는 일반 고객에게서 특정 정보를 수집하여 그것을 중개하는 시스템에 관한 것이다. 이것은 마케팅 분야의 대표적 특허라고 할 수 있다.

소위 마케팅의 4P(Product=상품・서비스, Price=가격, Place=채

▼ 정미현재가치표

할인율 : 8% 단위 : 천만 원

	현재	1년후	2년후	3년후	4년후	5년후
수입	0	0	100	100	100	100
비용	200	20	20	20	20	20
공제 ·	-200	-20	80	80	80	80
현재가치	-200	-18.5	68.6	63.5	58.8	54.4

NPV   26.8

 초기 비용이 20억 원, 매년 유지비용이 2억 원, 2년 후부터 연간 수익이 10억 원일 경우, 매년 이자율(=할인율)을 8%로 가정하면 정미현재가치는 2억6800만 원이 된다.

 예를 들어 5년 후 공제 수익이 8억 원일 경우
 현재가치는 8억 원$/(1+0.08)^5$ = 5억4400만 원이 된다.

▼ 모의 마케팅 분석

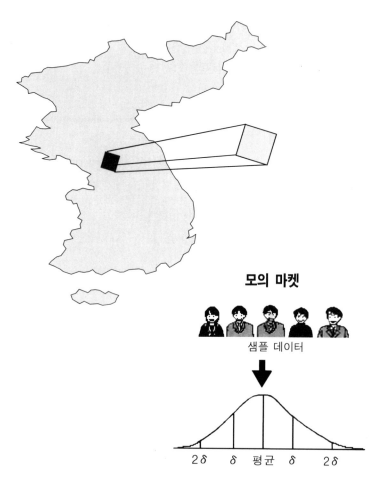

모의 마켓

샘플 데이터

2δ δ 평균 δ 2δ

샘플 데이터에서 마켓 전체의 상황을
통계적으로 추정한다

널, Promotion=판촉)는 비즈니스 모델을 발상 하는 데에 유익한 관점이 될 것이다.

인터넷상에서의 판촉 방식인 어필리에이트 프로그램은 실제로 프로모션과 채널을 융합한 구조로 볼 수 있다.

어필리에이트 프로그램이란, 타사 홈페이지에서 자사의 상품에 가까운 분야의 정보를 표시할 때 자사 홈페이지에 링크된 배너 광고나 소개 코멘트를 표시하도록 하는 구조를 말한다.

실제로 타사 홈페이지를 경유하여 자사의 상품 판매가 성립될 경우, 매출의 일부를 담당 타사에 지불하는 계약을 동반한다.

여기까지 오면 경영적 시각에서의 마케팅이라고는 해도 마케팅에 대한 전문 지식이 요구되어 앞서 설명한 전문 지식 분야와의 구별은 없어진다. 회계나 재무에 관해서도 자체 비즈니스 모델의 대상이 될 수 있는 분야이다.

정보 시스템의 시각

정보 시스템의 시각은 비즈니스 모델을 정보 시스템으로 설계하기 위한 시점을 의미한다(124페이지 '정보 시스템 설계 기법' 내용 참조).

특허화를 전제로 하지 않는다면 굳이 비즈니스 모델의 아이디어를 정보 시스템으로 기술할 필요는 없다.

그러나 현재 또는 앞으로의 비즈니스의 방향성을 고려하면 대부분의 비즈니스상의 경쟁력은 정보 시스템에 의해 이루어진다고 해도 과언이 아니다. 컴퓨터 정보 처리 없이 진행되는 비즈니스는 거의 사라져가는 추세이기 때문이다.

정보 시스템의 소양이라 해도 컴퓨터 언어를 사용하여 프로그램을 기술할 수 있는 능력이 요구되는 것은 아니다. 정보를 구조적으로 분석하는 능력이 있다면 그것으로 충분하다.

이러한 전문 지식과 경영적 시각, 정보 시스템적 시각을 겸비한 엔지니어야말로 비즈니스 모델 엔지니어라고 할 수 있을 것이다. 실제로 이것은 매니지먼트와 엔지니어링의 융합으로 볼 수 있다.

제 5 장
비즈니스 모델 특허의 출원 쇄도와 분쟁

비즈니스 모델 특허의 구체적 사례

'비즈니스 모델 특허'는 다양한 분야의 다양한 비즈니스 모델이 주요 화제가 되고 있다(148~149페이지 '비즈니스 모델 특허의 구체적 사례' 표 참조).

여기서는 비즈니스 모델 특허라고 부르는 중심 내용을 보다 이해하기 쉽게 하기 위해 별도의 표로 제시하여 대표적인 비즈니스 모델을 소개해 나가기로 하겠다.

특히 비즈니스 모델을 소개해 나가면서 될 수 있는 한 이해하기 쉽게 개요 이미지나 그 일러스트를 표시해두었다. 그러나 이것은 어디까지나 저자가 이미지화한 것이다.

좀더 상세한 부분에 관심이 있는 독자는 반드시 특허 자체를 볼 것을 권하고 싶다. 현재는 인터넷을 이용하여 한국은 물론 일본, 미국의 특허를 매우 쉽게 볼 수 있다(일본, 미국 특허청의 URL은 권말에 나오는 참고문헌 참조).

실제로 비즈니스 모델 특허라고 부르고 있는 특허의 핵심을 읽어보면, 기술 관계의 특허에 익숙한 사람들에게는 '어! 이렇게 써도 특허를 따낼 수 있나?'하고 생각하게 되는 부분도 있다.

또한 일반 특허를 본 적이 없는 사람은 '아아, 특허는 이렇게 쓰여져 있는 거구나'하고 새로운 발견을 하게 될 것이다.

일본의 경우에는 기본적으로 특허 출원되어 공개되고 있지만 특허로 성립된 것은 별로 없다. 그런 의미에서는 '잠재적 비즈니스 모델 특허'라는 표현이 정확할지도 모르겠다.

이 책에 나오는 '특개평○○-××××××'라는 번호는 평성(平成) ○○년에 공개된 것을 의미하며, 특허가 성립되었다는 의미는 아니다. 특허가 성립된 것에 대해서는 '특허□□□□□□□호'의 형태로 표시된다.

그러면 먼저 기업과 소비자간 거래의 흐름에 따라 마켓 리서치, 효과적인 광고, 매매의 성립, 결제의 순으로 대표적인 비즈니스 모델 특허를 살펴보기로 하겠다. 이어서 기업간 거래와 금융에 관계된 비즈니스 모델 특허에 대해서도 알아보기로 한다.

마켓 리서치 광고 시스템

● 고객 정보 등록 중계 시스템

일반 고객에게서 특정 항목의 정보를 수집하고, 이 정보를 데이터 베이스로 관리하여 계약 열람 희망자에 대해 인증한 다음, 그 정보를 열람하게 하여 정보 이용료를 징수하는 시스템으로 일본의 NTT가 출원했다[특개평11-066168].

▼ 비즈니스 모델 특허의 구체적 사례

특허(출원)의 개요	특허번호 등	특허출원년도	권리자 · 출원자
마켓 리서치 · 광고 시스템			
• 고객 정보 등록 중계 시스템	특개평 11-066168	1997년	일본전신전화주식회사
• 인터넷상에서의 효과적인 광고(사용자의 특성에 맞는 광고)를 위한 시스템	미국특허 5948061	1996년	Double Click, Inc.
• 판매 촉진을 위한 특전 제공 기획을 포함한 온라인 대화 시스템	미국특허 5774870 6009412	1995년 1998년	Netcentives Inc.
• 지도상의 건물 등을 클릭하면 광고가 나오는 시스템(마비온 특허)	일본특허 2756483	1995년	돕판 인쇄
• 인터넷상에서 상품 할인 쿠폰을 발행하는 시스템	미국특허 5761648	1995년	Interactive Coupon Network
• 전자 쇼핑 시스템에서 변화가 많은 상품에 대응할 전자 상품 카탈로그를 간단히 생성하는 시스템	특개평 10-240823	1997년	히타치 제작소
• 광고료 수입을 기본으로 한 인터넷 무료 액세스에 관한 시스템	-	-	Asofware
매매의 성립 · 조화			
• 소비자 주도 조건이 붙은 구매를 쉽게 하는 암호화된 네트워크 시스템(역경매 특허)	미국특허 5794207	1996년	Walker Asset Management Limited Pertnership
• 항공 티켓을 구입할 권리(option)의 매매에 관한 시스템	미국특허 5797127	1996년	Walker Asset Management Limited Pertnership
• 시간 지정이 없는 항공 티켓 구매를 위한 시스템	미국특허 5897620	1997년	priceline.com Inc.
• 네트워크상에서의 역경매 시스템	특개평 10-078992	1996년	히타치 제작소
• 소비자의 '주목'을 중개하는 시스템 (Attention Brokerage 특허)	미국특허 5794210	1995년	CyberGold, Inc.
• 가격 등의 교섭 중개를 맡는 공중 기관을 두고 각종 판매 방법을 실시할 수 있도록 하는 전자 거래 시스템	특개평 10-320470	1997년	NTT 데이터
• 홈페이지 운영자가 자신의 사이트에서 다른 사이트로 고객을 유도하여 그 고객이 상품을 구입하면 일정 소개료를 지불하는 시스템	미국특허 6029141	1997년	Amazon.com,Inc.
결 제			
• 전자 지갑 시스템	일본특허 2874341	1991년	몬딕스 인터내쇼날
• 전자 통화 시스템	일본특허 2141163	1992년	시티뱅크
• 이중 지불 방지를 위한 전자 화폐 토큰 생성 시스템	미국특허 5839119	1996년	Xerox Coporation
• 전자 청구 지불 시스템	미국특허 5465205	1993년	Visa International
• 구입 실적이 있는 고객의 주소나 청구처의 정보를 보호함으로써 고객이 몇 차례 입력하는 수고를 덜어주는 시스템(원 클릭 특허)	미국특 허5960411	1997년	Amazon.com,Inc.

특허(출원)의 개요	특허번호 등	특허출원년도	권리자 · 출원자
결 제			
• 크레디트 카드 회사에게 거래 내용을 알리지 않고 크레디트 거래를 실현하기 위한 시스템	미국특허 5420926	1994년	AT&T Corp.
• 복수 온라인숍에서의 구입 · 결제를 가능하게 하는 시스템	미국특허 5895454	1997년	Harrington
• 가결제 화폐를 사용한 안전 결제 시스템	특개평 11-003387	1998년	사쿠라은행, 후지쓰
기업간 전자상거래(B to B)			
• 기업간 결제를 실현하기 위한 안전망 시스템	특개평 11-003374	1997년	히타치 제작소
• 통화가 다른 양자간에 매매를 가능하게 하기 위한 시스템	미국특허 5897621	1996년	Cybercash, Inc.
금융 · 재무			
• 미리 정해졌거나 위험 한계를 넘어선 거래에 대해 경고나 거부를 행하는 기능을 갖는 은행용 의사 결정 시스템	미국특허 5649116	1995년	Servantis Systems, Inc.
• 증권거래에 관계되는 금융 서비스(Cash Management Account program : 'CMA')의 정보 처리 시스템	미국특허 4346442	1980년	Merrill Lynch
• 미리 결정한 조건을 입력하여 복수 종류 계좌에 예금을 자동적으로 배당하는 시스템(허브 앤드 스포크 특허)	특공평 4-1381	1983년	오므론 →이의 신청 결과, 특허 불허 처분
• 복수 고객의 펀드를 조합해서 금융 상품 자금의 운용 효율의 최적화를 실현하는 시스템 (허브 앤드 스포크)	미국특허 5193056	1991년	Signature Financial Group Inc.
• 입금 조합의 효율화를 위한 시스템	일본특허 3029421	1998년	스미토모 은행
• 효율적인 복수 기업의 재무 관리 시스템	특개평 11-154194	1997년	오가키 상사
기타			
• 암호 기술을 이용한 음악, 프로그램 등의 온라인 쇼핑 시스템(프린니 특허)	미국특허 4528643	1983년	FPDC, Inc. →뉴욕지방재판소에 의해 인터넷상의 거래에는 해당 특허가 미치지 않는 것으로 판단, 현재 CAFC에 항소중
• 온라인 쇼핑에 관련된 3특허(전자 광고 크레디트 결제, 암호 부착 쇼핑 시스템, 사용자 이용 확인)	미국특허 5724424 5715314 5709780	1995년 1994년 1995년	Open Market Inc.
• 가입자의 통화 기록에서 통화 수신자가 어느 장거리 전화회사와 계약했는지를 식별해 데이터 베이스에 남겨서 같은 전화회사의 계약자에게는 통화 요금을 할인해주는 등의 마케팅에 활용하는 방식	미국특허 5333184	1992년	AT&T Bell Laboratories → 재판 결과, 특허는 무효 판결
• 시차 조정 기능을 가진 온라인 스케줄 관리 시스템	미국특허 5960406	1998년	eCal, Corp.
• 고객 서버 시스템에 의한 원격 정보 서비스 · 액세스 시스템	미국특허 5544320 5696901 5974444	1995년 1996년 1997년	Allan Konrad

개요 이미지는 다음과 같다.

① 일반 고객 100명의 특정 정보(예를 들어 여행에 관한 정보 – 어디에 가고 싶다, 예산은 얼마 등)를 수집하여 데이터 베이스를 관리한다.

② 데이터 베이스 관리자는 열람 희망자(예를 들어 여행 대리점, 호텔)를 모집하여 계약한다.

③ 열람 희망자가 자신이 희망하는 정보의 열람을 신청하면 인증 시스템에 의해 데이터 베이스 관리자가 열람 희망자를 확인한다.

④ 이러한 단계를 거쳐 희망 정보를 열람시켜 그 정보 제공료를 부과 시스템에 의해 징수한다.

이 특허는 '고객 요구'라는 매우 추상도 높은 표현으로, 수집하는 데이터를 정의하기 위해 이후에 나오게 될 프라이스라인사가 다루고 있는 항공권에 대한 가격 요구나 호텔 요구까지 포함할 가능성이 있다.

이 경우에는 프라이스라인사가 가지고 있는 각종 비즈니스 모델 특허와의 관계가 미묘해진다.

어느 쪽이 먼저 출원했는가, 또한 양쪽의 포함 관계를 어떻게 해석하느냐에 따라 두 회사의 우위성이 달라진다.

이에 따라서는 미국에서 가동되고 있는 프라이스라인사의 정보 시스템은, 미국에서는 특허로 권리를 주장할 수가 있다. 하지만 같은 정보 시스템을 일본에서 가동시킬 경우에는 특허 침해가 될 가능성도 배제할 수 없다.

▼ 고객 정보 등록 중계 시스템

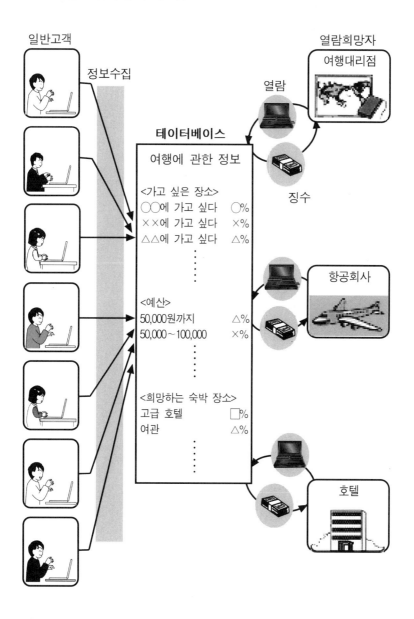

● 인터넷상에서의 효과적 광고

인터넷상의 광고를 보다 효과적으로 하기 위해서 액세스한 사용자의 프로파일에 따라 광고를 바꾸거나, 사용자가 액세스한 회수에 따라 다른 광고를 내보내는 시스템이다. 아주 재미있는 비즈니스 모델 특허라고 할 수 있다[미국특허 5948061].

이것은 인터넷 공고를 비즈니스로 하고 있는 더블클릭사의 특허다. '비즈니스 모델 특허를 둘러싼 분쟁'에서도 다룬 바 있지만, 더블클릭사는 이 특허를 침해당했다며 L90사라는 회사를 상대로 제소했다.

매매의 성립 · 조화

● 역경매 특허

가장 유명한 비즈니스 모델 특허라고 할 수 있는 것이 프라이스라인사의 이른바 역경매 특허이다.

이 특허는 이미 여러 차례 소개하였기 때문에 알고 있는 사람이 많을 것이다. 하지만 구체적 사례를 들어 이 특허의 내용을 소개하고자 한다.

이것은 '소비자 주도 조건이 붙은 매매를 쉽게 하는 암호화된 네트워크 시스템(이른바 '역경매')'에 관한 특허이며, 소비자에게 구매 조건을 등록하도록 하여 그 조건에 맞는 판매업체를 연결해주는 시스템이다.

개요 이미지는 다음과 같다.

① 소비자 X는 '도쿄 ○○호텔에서 하룻동안 200,000원에 묵고

▼ 인터넷상에서의 효과적 광고

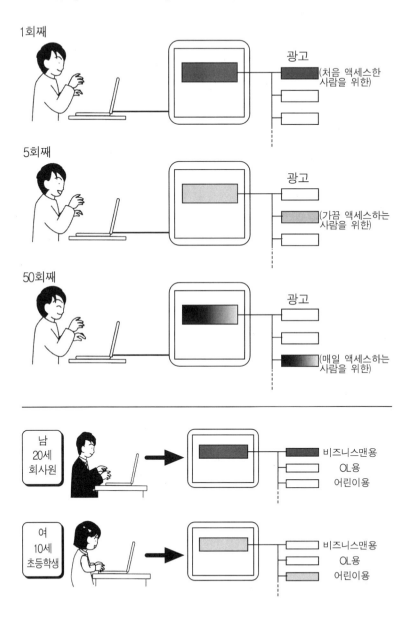

1회째

광고
(처음 액세스한
사람을 위한)

5회째

광고
(가끔 액세스하는
사람을 위한)

50회째

광고
(매일 액세스하는
사람을 위한)

남
20세
회사원

비즈니스맨용
OL용
어린이용

여
10세
초등학생

비즈니스맨용
OL용
어린이용

싶다'는 것을 중개자 Y에게 송신한다. 아울러 크레디트 카드 번호 등 지불을 증명하는 정보도 함께 보낸다.

② 중개자 Y는 여러 여행 대리점으로 이 조건을 전한다.

③ 각사에서 중개자 Y에게 A사 '180,000원', B사 '200,000원', C사 '195,000원' 등의 형태로 견적을 제시한다.

④ 중개자 Y는 각사의 견적을 비교하여 소비자 X에게 이런 경우에는 A사의 견적을 전한다.

⑤ ①의 지불을 증명하는 정보를 이용하여 결제한다.

상세한 내용은 이후에 다시 설명하겠지만, 이 특허가 프라이스라인사가 마이크로소프트사를 제소하는 분쟁의 시초가 되었고, 프라이스라인사가 직접 다른 사람 제소를 당하는 원인이 되기도 한 비즈니스 모델 특허이다.

그만큼 많은 사람이 관심을 기울일만한 가치가 있는 비즈니스 모델이라고 할 수 있겠다.

● 항공 티켓 옵션

항공 티켓을 구입할 권리(옵션) 매매에 대한 특허이다.

항공 티켓을 구입할 권리를 구매하여 갑작스런 여행 예정 변경에 따른 티켓 가격의 변동 위험을 피할 수 있는 시스템이다. 금융 서비스의 옵션과 같은 방식이라고 할 수 있다[미국특허 5797127].

● 시간 지정이 없는 항공 티켓 판매 시스템

시간 지정이 없는 항공 티켓을 비행 시간에 맞춤으로써 항공회사의 입장에서는 빈 좌석을 줄일 수 있게 되고, 소비자 입장에서는

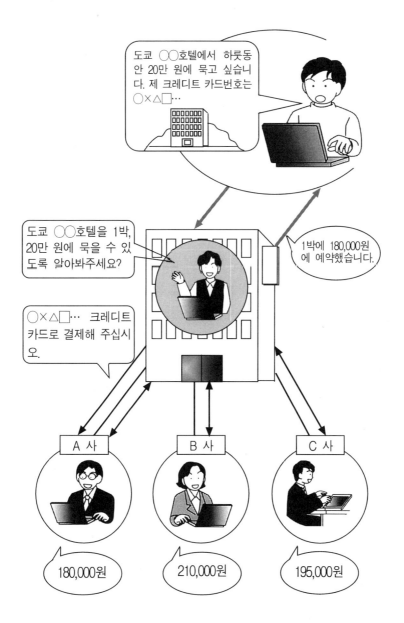

할인 혜택을 받을 수 있는 시스템이다[미국특허 5897620].

개요 이미지는 다음과 같다.

① 3월 30일 도쿄·오키나와간 시간을 지정하지 않은 항공 티켓을 구매자가 구입한다.

② 이 조건에 해당하는 복수 후보 비행을 검색한다.

③ 출발 일정이 가까워올 즈음에 항공회사가 비어있는 비행 시간을 선택하여 구입자에게 연락한다.

● 네트워크상에서의 역경매 시스템

이 역경매 시스템은 히타치 제작소가 출원하고 있는 시스템이다. 하지만 앞서 소개한 프라이스라인사의 역경매 특허를 방불케 하는 것으로, 이것이 인정을 받으면 이미 같은 시스템을 채용하고 있는 경매 사이트 등에는 커다란 충격을 주게 될 지도 모르겠다.

이 시스템은 바로 일반 시장에서 이미 쓰이고 있는 비즈니스 모델을 인터넷이라는 특수한 상황에서 실현하는 것이며, 어떤 판단이 나올지 귀추가 주목된다[특개평 10-078992].

결제

● 쇼핑 카트 특허

분쟁의 불씨가 될 것이 유력해 보이는 특허가 오픈 마켓사의 인터넷상에서의 쇼핑 카트에 관한 특허이다.

이것은 오픈 마켓사가 소유하고 있는 몇 개의 전자상거래에 관한 특허 중 하나로, 그것도 그 일부의 특허에 해당한다.

▼ 네트워크상에서의 역경매 시스템

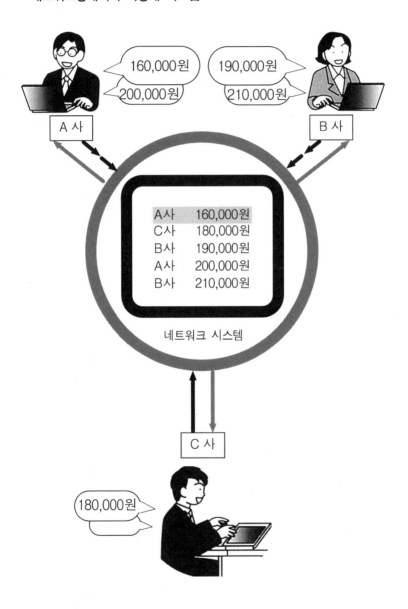

네트워크 시스템

인터넷상에서 복수 사이트를 돌며 쇼핑할 경우, 사고 싶은 물건을 하나의 카트에 담아서 각각의 사이트마다 결제하지 않고 마지막에 정리하여 결제하는 방법이 특허로 인정받은 것이다.

새로운 방식이라는 느낌이 들지 않을 수도 있겠지만 오픈 마켓사가 특허를 출원한 1994년 10월 당시에는 이 방식을 채용하고 있던 사이트는 없었다. 그러나 앞으로 이 방식을 도입할 기업간에 분쟁이 될 가능성은 부정할 수 없다[미국특허 5715314].

실제로 야후사와 SBH 간에 분쟁이 일어났던 기술도, 이 특허와 유사한 경우라고 할 수 있다(175페이지 '기소 당한 야후' 참조).

● 이중 지불을 방지하는 전자 결제 방식에 관한 특허

이것은 금융기관이 생성하는 특수한 전자 화폐 토큰(token : 대용 화폐)을 사용하여 정확한 결제를 실현하는 시스템이다.

구체적으로는 특정 구매자와 판매자의 거래에 활용될 가능성이 매우 높은 시스템으로, 다음과 같은 비즈니스 모델이다[미국특허 5839119].

① X씨가 슈퍼 Y에 지불하기 위해 전자 화폐(예를 들어 20만 원분)를 만들어 달라고 금융기관(P은행)에 의뢰한다.

② P은행이 전자 화폐인 토큰을 작성하고, 이것을 두 개로 나누어 각각 같은 번호를 붙인다. 이렇게 반반씩 나눈 화폐는 다시 하나가 될 때 돈으로 인정되며, 반씩 따로 떨어져 있을 때는 아무 가치도 인정받지 못한다.

③ X씨와 슈퍼 Y에게 각각 반씩 나누어진 전자 화폐 토큰을 전달한다.

④ 데이터 베이스에 토큰 번호를 등록한다.

▼ 쇼핑 카트 특허

⑤ X씨가 슈퍼 Y에서 20만 원 상당의 물건을 사고, 자신이 가지고 있는 반쪽 전자 화폐 토큰으로 지불한다.

⑥ 슈퍼 Y는 X에게 받은 반쪽 토큰과 자신이 가지고 있는 또 다른 반쪽 토큰을 하나로 합쳐 P은행에 제시한다.

⑦ p은행은 데이터 베이스에서 번호를 확인한다.

⑧ 확인한 후 문제가 없으면 P은행이 슈퍼 Y에게 20만 원을 지불한다.

● 익명의 크레디트 카드 거래에 관한 특허

이것은 크레디트 카드 회사에 거래 내용을 알리지 않고 크레디트 카드 거래를 실현하기 위한 수법이다.

암호와 인증 방식을 조합하여 크레디트 카드 거래를 시행할 때, 각 당사자가 필요한 정보만을 읽을 수 있도록 하는 시스템이다[미국특허 5420926].

● 가결제 화폐를 사용한 안전 결제 시스템

사쿠라 은행이 특허를 출원하고 있는 구매자와 판매자 쌍방의 위험 부담을 줄이기 위한 결제 시스템이다.

구매자의 계좌 일부를 동결시킨 상태에서 가결제 화폐를 사용하면서, 상품 수령 확인 후에 대금이 지불되는 시스템이다[특개평 11-003387].

개요 이미지는 다음과 같다.

① 구매자(X사)가 판매자(Y사)에게서 A라는 상품(100만 원) 100개를 구입하고자 할 때, 먼저 거래 금융기관(P은행)에게 가결제 화폐(1억 원 분)를 만들어 달라고 의뢰한다.

▼ 이중 지불을 방지하는 전자 결제 방식에 관한 특허

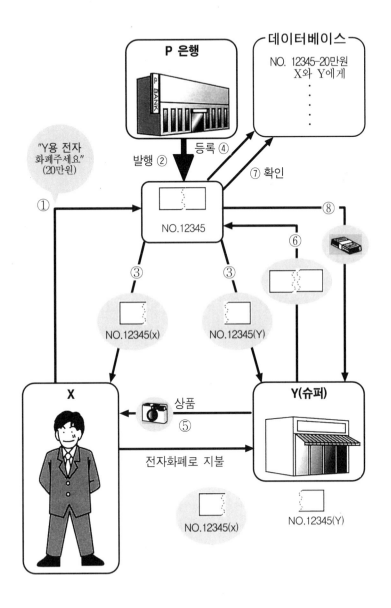

② P은행은 1억 원 분은 X사의 계좌에서 동결시키고, 본결제가 성립되기 전까지는 사용을 금지시킨다.

③ X사는 Y사에게 A 100개 주문과 동시에 가결제 화폐를 송부한다.

④ Y사가 X사에게 A 100개를 납입한다.

⑤ X사에 Y사가 납입한 A 100개가 도착한 것을 확인한 시점에서 X사가 P은행에 본결제를 의뢰한다.

⑥ P은행은 상기의 본결제를 의뢰 받으면 가결제 화폐(1억 원)에 대해 본결제를 시행한다.

기업간 전자상거래(B-to-B)

일반적으로 '전자상거래'하면 기업과 소비자간의 전자상거래를 떠올리기가 쉽다. 하지만 실제 규모로는 기업간 거래가 매우 큰 비중을 차지한다. 여기서는 기업간 전자상거래에 관한 비즈니스 모델 특허의 일부를 살펴보기로 한다.

● 기업간 결제를 실현하기 위한 안전 결제 시스템

다수 기업간에 빈번하게 매매가 오갈 경우, 대금을 일일이 주고받는 것이 아니라 정기적으로 채권과 채무를 상쇄하여 한꺼번에 결제하는 것이 효율적이라는 판단에 따라 이를 위한 시스템을 구축하는 경우가 있다[안전망 시스템].

이 결제 시스템은 어느 한 기업이 지불을 못했는데도 결제가 될 경우 이후에는 전체 지불과 수취 관계가 성립되지 않고, 채권과 채

▼ 가결제 화폐를 사용한 안전 결제 시스템

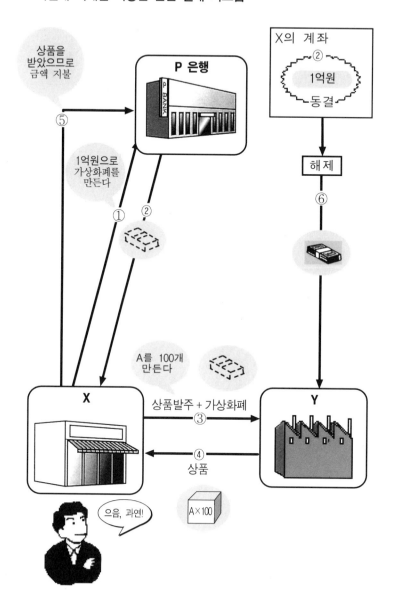

▼ 기업간 결제를 실현하기 위한 안전망 시스템

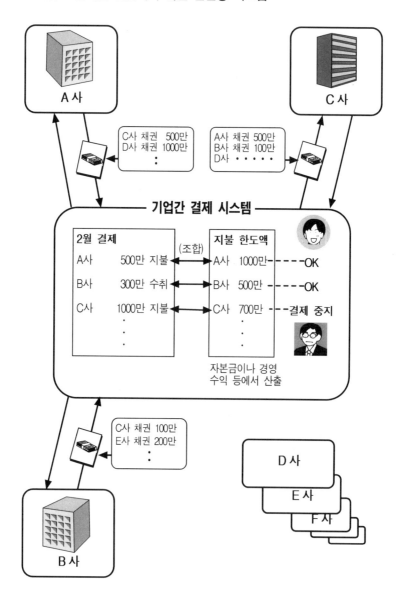

무가 제대로 상쇄되지 않을 우려가 제기된다.

그래서 히타치 제작소에서 출원하고 있는 안전망 시스템은 각각의 참가 기업에 대해 자본금이나 경영 수익 등의 회사 정보를 미리 입수하여 지불 한도액을 결정해두고, 전 기업의 지불 채무에 대해 결제 때마다 결정되지 않은 금액의 한도 내에 들어가는지를 판별하여 지불 수속 여부를 판단하는 것이다.

만약 지불 채무가 해당 기업의 지불 한도액을 초과했을 경우에는, 그 결제를 자동적으로 정지시키는 구조로 되어 있다[특개평 11- 003374].

● 다중 통화 거래에 관한 특허

통화 단위가 다른 양자간의 거래를 쉽게 할 수 있도록 하기 위해 고안한 특허이다[미국특허 5897621].

이 특허는 기업간 전자상거래(B-to-B : Business to Business)뿐 아니라 기업과 소비자간 전자상거래(B-to-C : Business to Consumer) 결제에도 활용할 수 있는 시스템이라고 볼 수 있다.

① 구매자는 어느 한 통화 단위(예를 들어 '원')로 자신이 사고자 하는 가격(50,000원)을 표시한다.

② 판매자는 또 다른 통화 단위(예를 들어 '달러')로 자신이 팔고자 하는 가격(47달러)을 표시한다.

③ 각각의 가격을 환율에 따라 환산하여 조건이 맞으면 거래가 성립된다.

④ 거래가 성립되면 구매자는 자신이 제시한 통화(여기서는 '원')로 지불하고, 판매자는 자신이 제시한 통화(여기서는 '달러')로 대금을 수취한다.

▼ 다중 통화 거래에 관한 특허

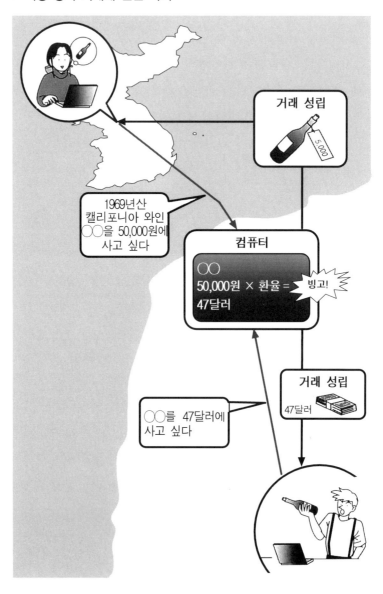

금융 · 재무

● 입금 조합 서비스

신문이나 잡지에도 자주 소개되고 있는 비즈니스 모델 특허로 스미토모 은행의 입금 조합 서비스이다.

이 비즈니스 모델은 기업이 복수 고객들의 입금 확인 업무를 간소화하기 위해 고객에게 각기 다른 가상 계좌번호를 배당한다.

가족 중 어느 한 사람이 전기 요금을 납부하는 경우나 법인의 직원이 개인 명의로 입금했을 경우, 동성동명인이 납부했을 경우 등 지금까지 입금 확인 절차가 까다로웠던 경우라도 이 시스템을 이용하면 입금 확인을 간단하게 할 수 있게 된다.

그러나 이와 같은 입금 조합 서비스를 이미 시작하고 있는 다른 은행도 있으므로, 앞으로 어떻게 전개될지 귀추가 주목된다(일본 특허 3029421).

● 효율적인 복수 기업의 재무 관리 시스템

이것은 복수 기업의 자금 재무 정보에 대해 집중 예금 계좌와 각 기업마다의 개별 가상 예금 계좌를 만들어 효율적인 복수 기업의 재무 관리를 실현하는 시스템이다[특개평 11-154194].

▼ 입금 조회 서비스

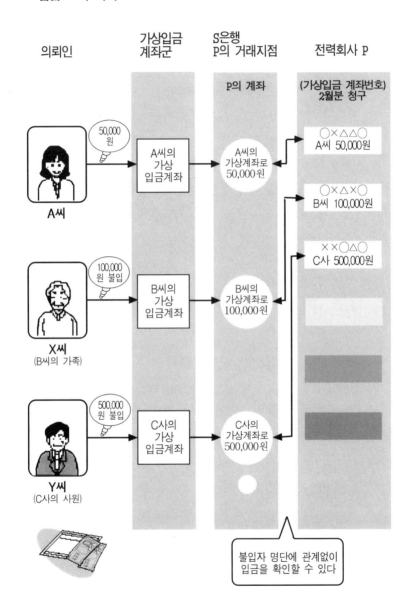

비즈니스 모델 특허를 둘러싼 분쟁

비즈니스 모델 특허 분쟁이 시작되다

비즈니스 모델에 대한 특허가 인정받기 시작하면서 벤처기업이 대기업을 고소하거나 경쟁사간의 다툼이 극심화되는 등 각종 분야에서 분쟁이 시작되었다.

더구나 유명 기업이 그 당사자가 되는 특허 분쟁의 상황이 벌어지자, 신문이나 텔레비전에서도 앞다퉈 비즈니스 모델 특허를 둘러싼 문제를 빈번히 다루게 되었다.

그리고 이 보도를 본 기업이 비즈니스 모델 특허를 주장하는 일이 생겼고, 다른 곳에서도 분쟁이 시작되는 상황이 벌어졌다.

제3장 '비즈니스 모델 특허의 어제와 오늘'에서 스테이트 스트리트 뱅크나 AT&T사의 특허 재판에 대해 설명했다.

하지만 여기서는 이들 재판 이외에 대표적인 분쟁의 예를 몇 가지 소개한다. 아울러 이들이 어떤 결말을 보았는지, 그리고 지금 어떤 상황에 있는지에 대해 살펴보고자 한다.

이러한 특허 분쟁 사례들을 열거해봄으로써 비즈니스 모델 특허에 대해 소송을 제기하거나 침해당했을 경우, 어떻게 대응하고 처리해야 하는지 참고로 삼기 바란다.

프라이스라인사의 마이크로소프트사 제소

컴퓨터 관리 프로그램(OS)나 워드프로세서에서 업계 세계 최고를 자랑하는 마이크로소프트사가 일개 벤처기업에게 제소당하는 사건이 벌어졌다.

1999년 10월 13일, 프라이스라인사가 마이크로소프트사를 상대로 여행 관련 사이트(Expedia.com)에 대해 프라이스라인사의 특허를 침해했다며 제소한 것이다.

프라이스라인사의 주장에 따르면, 마이크로소프트사의 사이트가 시작된 '이용자가 희망 숙박 요금을 지정하는 숙박 시설 소개 사이트(Hotel Master)'가 프라이스라인사의 특허를 침해했다는 것이다.

두 회사는 이 특허 침해 제소에 앞서 협조적으로 비즈니스를 추진하는 방안을 검토했다. 그런데 그 과정에서 프라이스라인사가 마이크로소프트사에게 기술 정보를 공개한 것으로 알려져 있다.

여기서 프라이스라인사는 교섭이 진행된 지 몇 주 후에 마이크로소프트사가 문제의 사이트를 개시했다는 주장이다.

이 제소에서는 프라이스라인사 측이 교섭 과정에서 마이크로소프트사가 프라이스라인사의 주식 취득에 대해 부당하게 낮은 가격을 제시했다는 내용이었다.

그리고 빌 게이츠(당시 마이크로소프트사 대표)가 프라이스라인사의 창업주 제이 워커 씨에게 고압적인 위협을 가했다고 공표 했고, 매스컴에서도 이 사실을 크게 다루었다.

또한 프라이스라인사는 특허 침해와 함께 기밀 정보를 도용했다는 점 역시 부정경쟁을 금지하고 있는 주(州) 법률(부정경쟁방지법)을 위반한 것이라고 주장했다.

프라이스라인사에도 예상치 않았던 특허 침해 제소

마이크로소프트사 제소로 일약 유명해진 프라이스라인사였다.

하지만 그 프라이스라인사의 이용자가 가격을 지정할 수 있는 시스템 특허에 대해 마키텔 인터내셔널(Marketel International)사의 윌리암 퍼렐(William Parell) 씨나 머시 익스체인지(Merc Exchange)사가 거꾸로 프라이스라인사를 제소했다.

그 내용은 특허 침해는 물론 아이디어를 도용했다는 이유로 이의를 제기하고 나선 것이다.

이렇게 해서 마이크로소프트사는 마키텔 인터내셔널사를 이해관계인으로 설정하지 않은 프라이스라인사의 소송에는 중대한 실수가 있었다며 소송 무효를 주장했다.

이 역경매 특허는 그것을 둘러싼 범위가 너무 넓기 때문에, 이와 관련된 특허를 가지고 있는 여러 관계자가 혼전을 거듭하며 혼란 상황에 빠지고 있다.

▼ 비즈니스 모델 특허를 둘러싼 분쟁 발발

아마존닷컴×반즈 앤드 노블

SBH×Yahoo

아마존닷컴사의 반즈 앤드 노블사 기소

인터넷 서적 판매에서 세계 제일로 꼽히는 아마존닷컴사가 미국 서적 판매 체인인 반즈 앤드 노블사를 제소한 사실도 커다란 관심을 모으고 있다.

프라이스라인사가 마이크로소프트사를 제소한 지 불과 8일 만인 1999년 10월 21일, 인터넷 서적 판매의 선두주자인 아마존닷컴사가 미국 최대의 서점 체인으로 인터넷 서적 판매에서 아마존닷컴사를 추격하고 있는 반즈 앤드 노블사를 특허 침해로 제소했다.

그 대상이 된 비즈니스 모델 특허는 아마존닷컴사의 홈페이지에서 '원클릭(one-click)' 버튼으로 표시된 기술에 관한 것이다.

이것은 이제까지 구매 실적이 있는 고객의 연락처나 물품 대금 청구처의 정보를 저장해두었다가 몇 번씩이나 입력을 해야 하는 고객의 수고를 덜어주는 방식에 관한 것이다.

그런데 아마존닷컴사에 따르면, 이 방식은 수천 시간에 걸쳐 개발한 시스템이라는 것이었다.

시애틀 연방지방법원은 제소된 지 불과 40일만에 반즈 앤드 노블사에 대해 소송이 결심되기까지 유사 기술 사용을 금지한다는 내용의 가처분 결정을 내렸다.

반즈 앤드 노블사는 미국에서 최대 규모를 자랑하는 서점이지만, 인터넷 판매에서는 아마존닷컴사에 크게 뒤져 있는 실정이었다. 그러나 그 무렵 아마존닷컴사를 맹추격 할 수 있는 기회를 잡고 있었다.

반면, 아마존닷컴사의 입장에서는 전월에 막 특허를 취득한 비밀 병기를 이용해 뒤따라오는 강적, 반즈 앤드 노블사의 추격을 이 특허로 요격했다고 할 수 있겠다.

반즈 앤드 노블사는 현재 항소중이며, 이 원클릭의 특허성 자체는 확정되지 않은 상태이다.

그러나 설사 반즈 앤드 노블사가 아마존닷컴사의 특허 무효를 판결에서 얻어냈다 하더라도, 원클릭 기술 사용 금지 시기가 연말 성수기 바로 직전이었기 때문에 반즈 앤드 노블사로서는 뼈아픈 일격임에는 틀림없다.

아마존닷컴사의 이유 있는 도전

2000년 2월, 반즈 앤드 노블사와의 분쟁에서 우위를 지킨 아마존닷컴사는 이유 있는 분쟁의 불씨를 지폈다. 그것이 제1장 '비즈니스 모델 특허의 충격' 서두에서 소개한 인터넷판 '상점가 생활의 지혜'이다.

이는 연합(associate) 시스템이라고 하는 것으로, 홈페이지 운영자가 아마존닷컴사와 복수 사물 프로그램을 연결하여 실제 사용할 수 있는 프로그램으로 만들어 상품을 소개하는 것을 그 예로 들 수 있다.

즉, 어떤 상품이 팔리면 그 소개료를 받을 수 있도록 하는 시스템이다. 이미 많은 기업이 이 시스템을 채용하고 있는 것으로 알려져 있는 만큼 큰 논의의 대상이 되고 있는 것도 사실이다.

이와 같이 인터넷을 통한 물품 판매에 관한 비즈니스 모델 특허를 적극적으로 획득하고, 그것을 무기로 삼으려는 아마존닷컴사에 대해서는 거센 반발과 함께 불매운동도 펼쳐지고 있다.

에이소프트웨어사가 무료 인터넷 접속 서비스 제공사에 보낸 경고

에이소프트웨어사는 1999년 8월 30일자로 무료 인터넷 접속 서비스를 제공하고 있는 모든 회사에 경고장을 보냈다.

에이소프트웨어사는 홈페이지에 표시된 광고로 얻는 광고 수입으로, 무료 인터넷 접속에 관한 특허를 출원중이라는 사실을 명시하고, 같은 서비스를 실시하고 있는 각사에 특허 침해의 여지가 있다는 내용의 경고장을 보냈다.

경고장을 받은 업체로는 알타비스타사, 아메리칸온라인사, 마이크로소프트사 등이다.

기소 당한 야후

인터넷 검색 사이트로 유명한 야후(Yahoo)사가 한 개인이 갖고 있는 비즈니스 모델 특허 때문에 곤욕을 치르고 있다.

1999년 11월 10일, 뉴질랜드 특허권자에게서 위임받은 센트루이스의 SBH사가 복수 온라인 숍의 구매, 결제 기술에 관한 특허를 침해했다며 야후사를 기소했다.

SBH사는 이와 같이 특허권자에게서 위임받은 권리를 행사할 뿐 아니라 특허의 매매, 라이선싱 등 지적재산권 비즈니스를 전문으로 하고 있는 회사이다.

이와 같은 회사가 존재하고 비즈니스 모델 특허를 이용한 재판이 시작됐다는 점에서 미국다운 면모를 볼 수 있다. 하지만 가까운 시일 내에 한국에도 이와 같은 회사가 생겨날 것이라 믿는다.

지적재산권 관련 비즈니스에 대해서는 제7장 '비즈니스 모델 특허의 향후 방향'에서 자세히 소개하기로 한다.

세계 39개 대기업 대 개인

2000년 2월 8일, 알란 콘라드라는 사람이 도요타 자동차, 제너럴모터스(GM) 등의 자동차 제조업체를 비롯하여 항공회사, 컴퓨터 제조업체, 호텔 등 세계의 39개 대기업을 상대로 특허 침해 소송을 제기했다.

이 소송에서 문제가 된 것은 미국 특허 5544320(1996년 성립), 5696901(1997년 성립), 5974444(1999년 성립) 등 세 개의 특허로, 모두 '고객 서버 시스템에 의한 원격 정보 서비스 액세스 시스템'에 관한 것이다.

이 사건은 일본 기업이 연루된 최초의 비즈니스 모델 특허 소송으로 화제를 모으고 있다.

기타 분쟁과 불씨

이상 소개한 분쟁 이외에도 비즈니스 모델 특허에 대한 불씨는 아직 많이 남아있다.

현재, 인터넷을 비롯한 통신 네트워크를 이용한 상품 쿠폰에 관한 특허에 대해서는, 쿨세이빙닷컴사를 중심으로 이 센시티브닷컴사와 쿠폰서퍼닷컴사 등이 분쟁을 펼치고 있다.

또한 링크쉐어닷컴사와 비프리닷컴사는 홈페이지상의 광고를 클릭, 쇼핑 페이지에 가서 고객이 상품을 구입하면 일정 수수료가 광고 게재주에게 지불되는 서비스에 관한 특허를 두 회사 모두 출원하고 있어 앞으로 분쟁으로 발전할 가능성이 높다.

더구나 '비즈니스 모델 특허의 구체적 사례'에서 소개한 더블클릭사의 인터넷상에서의 광고 배급과 광고 효과 산정 기술을 둘러싸고 1999년 11월에 더블클릭사가 L90사를 제소했다.

이러한 상황으로 미루어 비즈니스 모델 특허 관련 분쟁은 앞으로도 한동안 계속될 전망이다.

비즈니스 모델 특허에 대한 결론은 법원 판결에 달려있다

이상의 몇 가지 분쟁에서 살펴본 바와 같이 대부분의 경우가 최종적인 판단이 나오지 않은 상태이다. 따라서 비즈니스 모델 특허에 대한 결론은 앞으로 법원의 판단에 달려있다.

또한 법원의 판결을 기다리고 있는 비즈니스 모델 중 그 몇 가지는 화해의 형태로 끝을 맺는 경우도 생각해볼 수 있다.

이미 설명한 바와 같이 미국에서는 특허청이 특허를 인정해도 법원이 무효를 선언한 예도 아주 많다. 그런 의미에서는 현재 인정하고 있는 대다수의 특허가 무효가 될 가능성도 배제할 수 없다.

또한 현재까지의 비즈니스 모델 특허에서도 유사한 것이 많다. 즉, 유사한 비즈니스 모델이라도 각기 다른 특허를 얻을 수 있다는 점에서 각각의 특허는 매우 좁은 범위에서 판단되는 일도 있다.

법원이 만약 특허 하나 하나를 좁은 범위에서 한정적으로 해석

한다면, 특허가 된 비즈니스 모델과 유사 비즈니스를 하고 있다 해도 이를 특허 침해라고 볼 수 없는 경우도 생기게 되는 것이다.

여하튼 이들 분쟁의 결과는 비즈니스 모델 특허가 미치는 충격에 대한 미래의 정형화된 비즈니스 모델 형성에 크게 관련되어 있어 앞으로 꾸준히 지켜볼 필요가 있다.

현명한 대응

재판으로 이어지면 장기간에 걸쳐 막대한 비용을 들여야 하고, 거기다 패소하게 될 경우에는 기업의 이미지에도 마이너스가 되어 주가 하락의 원인이 되기도 한다.

그렇다고 모든 비즈니스 모델 특허가 분쟁을 가져오거나 불씨로 남아있는 것은 아니다. 재판으로 몰고 가지 않고 비즈니스 모델 특허를 잘 이용함으로써 막대한 이익을 얻게 되는 사례도 있다.

델 컴퓨터사가 퍼스널 컴퓨터 사업에서 성공할 수 있었던 이유는, 기술적으로 특별히 뛰어났다기보다는 인터넷 등을 이용한 직접 판매라는 획기적인 판매 방법에 있었다고 할 수 있겠다.

델 컴퓨터사는 40개가 넘는 비즈니스 모델에 관한 특허를 신청 혹은 획득한 것으로 알려져 있다. 그리고 IBM가 이를 사용하자 분쟁을 내지 않고 160억 달러의 크로스 라이선스 계약을 획득하기도 했다. 그 결과, 그 때까지 IBM에 지불했던 로열티의 원금을 확보할 수 있게 되었다.

이와 같이 비즈니스 모델 특허를 분쟁으로 몰고 가지 않고 잘 이용하는 것이 보다 뛰어난 특허 전략이라고 할 수 있을 것이다.

제 6 장
비즈니스 모델 특허의 과제

▼ 비즈니스 모델 특허의 과제

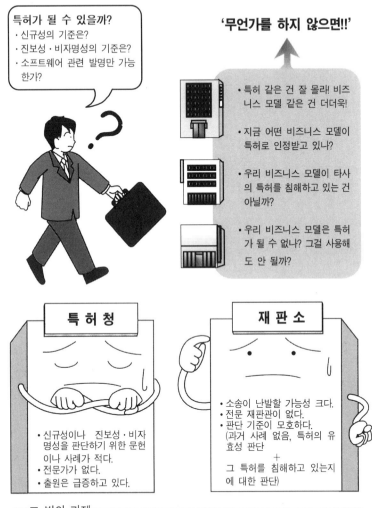

특허가 될 수 있을까?
· 신규성의 기준은?
· 진보성 · 비자명성의 기준은?
· 소프트웨어 관련 발명만 가능
  한가?

'무언가를 하지 않으면!!'

· 특허 같은 건 잘 몰라! 비즈
  니스 모델 같은 건 더더욱!
· 지금 어떤 비즈니스 모델이
  특허로 인정받고 있나?
· 우리 비즈니스 모델이 타사
  의 특허를 침해하고 있는 건
  아닐까?
· 우리 비즈니스 모델은 특허
  가 될 수 없나? 그걸 사용해
  도 안 될까?

특 허 청

· 신규성이나 진보성 · 비자
  명성을 판단하기 위한 문헌
  이나 사례가 적다.
· 전문가가 없다.
· 출원은 급증하고 있다.

재 판 소

· 소송이 난발할 가능성 크다.
· 전문 재판관이 없다.
· 판단 기준이 모호하다.
  (과거 사례 없음, 특허의 유
  효성 판단
        +
  그 특허를 침해하고 있는지
  에 대한 판단)

── 그 밖의 과제 ──
· 미국에서 특허가 성립된 비즈니스 모델을 한국에서는 사용할 수 없나?
· 경쟁 정책과의 관계는?

어떤 비즈니스 모델이 특허로 성립될 수 있는가

비즈니스 모델 특허에 대한 모든 혼란의 요소

비즈니스 모델 특허를 둘러싼 가장 근원적인 과제는 '어떤 비즈니스 모델이 특허로 성립될 수 있는가'하는 것이다.

앞에서도 언급했듯이, 비즈니스 모델 특허가 인정을 받았다 하더라도 그것은 단지 '비즈니스 모델이기 때문에 특허성을 부정할 수 없다'는 것일 뿐, 반드시 비즈니스 모델에 대해 신규성이나 진보성 등의 요건이 줄어드는 것은 아니다.

비즈니스 모델이라면 쉽게 특허를 취득할 수 있을 것으로 생각하는 사람이 더러는 있지만 결코 그렇게 간단하지만은 않다.

그렇지만 비즈니스 모델의 경우, 신규성이나 진보성에 대해 일반 발명과는 조금 다른 견해를 가질 필요는 있다.

그것이 '어떤 비즈니스 모델이 특허로 성립될 수 있는가'라는 과제를 만들어내고 있다고 해고 좋을 것이다.

신규성 판단의 어려움

어떤 비즈니스 모델에 대해 '새롭다'는 말을 하기 위해서는, 이 세상에 같은 비즈니스 모델이 존재하지 않는 것과 그 비즈니스 모델이 어떤 문헌 등에 소개되지 않았다는 사실이 필요하다. 하지만 이 신규성에 대해 확신을 갖는다는 것은 쉬운 일이 아니다.

그것은 비즈니스 모델이라는 특성을 고려하여 대부분 문헌에 등장하지 않은 경우가 많다는 것과 이 분야에 대해서는 선행 기술 문헌 데이터 베이스화 등도 실행되지 않았다는 사실 등 선행 기술 조사가 매우 곤란하다는 것이 한국과 일본, 미국의 공통된 실상이다.

특히 미국에서는 이의 신청 제도가 없기 때문에 더욱 심각하다고 볼 수 있다.

진보성 · 비자명성 기준의 불명확성

제2장 '지적재산권, 그 첫걸음'에서도 다룬 바 있지만 일본에서는 진보성, 미국에서는 비자명성(non-obviousness)이라는 기준이 있다. 이 기준은 '해당 분야의 사람이 보고 쉽게 생각해내는지의 여부'에 달려있다.

이 기준 역시 신규성 이상으로 어려운 면을 가지고 있으며, 두 가지 커다란 문제를 안고 있다.

첫 번째는 '해당 분야의 사람'이란 과연 어떤 사람인가 하는 문제이다.

예를 들어 인터넷을 이용한 항공 티켓 판매 비즈니스 모델의 경우, 항공 티켓 판매 비즈니스를 하고 있는 사람이 적합할지, 아니면 인터넷 기술자를 기준으로 해야 할지, 혹은 양측면에서 볼 때 진보성이 필요한가 하는 점에서 매우 명확하지 않은 것이 현 실정이라고 할 수 있다.

즉, 기술적인 점에서 진보성이 있어야 하는 것인지, 비즈니스 모델에 진보성이 있어야 하는지 확실히 알 수 없다.

이 점에 대해 좀더 구체적으로 설명해보기로 한다.

다음의 예를 통해 생각해보면 쉽게 이해가 될지도 모르겠다. 이 경우에는 모두 신규성은 있다고 가정하기로 한다.

① 놀랄만한 참신성이 없는 비즈니스 모델(예=경매)을 단지 컴퓨터를 이용하여 실현한 경우.

② 놀랄만한 참신성이 없는 비즈니스 모델이지만 컴퓨터 기술을 이용하여 이제까지는 생각할 수도 없었을 정도로 효율적(예=처리 건수가 1000배)인 경우.

③ 놀랄만한 참신성이 없는 비즈니스 모델을 진보적인 컴퓨터 기술(예=애매한 조건에서도 조화를 이룰 수 있는 기술)을 이용하여 대체한 경우.

④ 이제까지 상정하지 않았던 비즈니스 모델(예=가상계좌를 이용한 입금 확인)을 컴퓨터 기술로 실현한 경우.

⑤ 이제까지 상정하지 않았던 비즈니스 모델을 진보적인 컴퓨터 기술로 실현한 경우.

여기서 ①의 경우는 미국이나 일본에서 모두 특허로 인정받지 못할 것이 분명하지만, ⑤의 경우는 특허로 인정받을 수 있다.

③의 경우에는 컴퓨터 기술 자체에는 특허를 인정할 수 있지만, 비즈니스 모델까지 포함하여 특허를 인정할 수 있는지 여부는 알

▼ 특허의 조건은 컴퓨터의 기술적 진보성인가, 비즈니스 모델의 진보성인가?

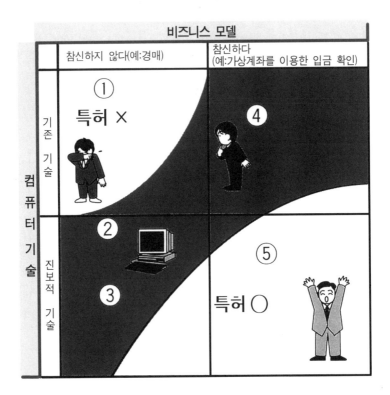

수 없다. 그리고 ②와 ④의 경우에는 결과를 정확히 예측하기 어려운 것이 현재의 실상이다.

두 번째는 대략적으로 '쉽게 생각해낸다'는 것이 어느 정도인가 하는 문제이다.

일반적인 심사 기준으로는 '쉽게 생각해낸다'고 하기 위해서는, 비록 옛것과의 조합이라도 그것을 조합할 수 있는 동기 또는 미리 알려주는 선행 기술에 있는 것이 필요하다.

이 결과 미국의 비자명성 분쟁은 적어졌고, 세계화의 흐름 속에서 일본의 진보성 분쟁도 줄어들고 있다. 이 흐름이 비즈니스 모델에도 미칠 것인지 여부까지 포함해, 특히 비즈니스 모델에 관해서는 이 판단은 어려울 듯싶다.

이 진보성·비자명성의 기준에 대해서는 미국과 일본 다를지 모르지만, 여기에서 유럽까지 생각한다면 비즈니스 모델에 대한 특허 부여에 차이가 생기는 것도 충분히 고려될 수 있는 문제이다.

비즈니스 모델 특허는 소프트웨어 관련 발명뿐?

제1장 '비즈니스 모델 특허의 충격'에서 소개한 특허청의 비즈니스 관련 특허에 관한 방침을 살펴보면, 비즈니스 관련 소프트웨어 특허임을 상정하고 있는 듯하다.

하지만 소프트웨어와는 관계가 없는 비즈니스 모델은 특허가 될 수 있는 것인지, 없는 것인지에 대한 문제가 논의의 대상이 되는 경우가 있다.

골프의 퍼팅을 특허로 인정하는 미국에서는 단순한 비즈니스 모델도 특허가 될 수 있을 것이다.

하지만 진보성 있는 비즈니스 모델을 실현할 경우에 컴퓨터나 소프트웨어를 사용하지 않는 것은 상정되지 않은 것이므로, 이 논의는 별 의미가 없어지게 된다.

이 문제는 어떻게 되나?

이런 상황이기 때문에 심사를 하는 측에서도 어느 정도 시행착오를 겪으면서 심사를 하고 있다고 예상할 수 있다. 일부는 실제로 특허로 인정을 받아 그 판단을 사법의 장으로 몰고 가는 가운데 정형화된 개념이 형성될 것이다.

한편, 그 사이에도 비즈니스는 움직이고 있다는 생각을 하면, 기업으로서는 비즈니스 모델 특허에 관한 전략을 적극적으로 고려할 필요가 있다.

특히 심사의 곤란함에서 시작하여 일반 특허 심사에 비해 시간이 걸릴 가능성이 있다는 점까지 생각한다면, 비즈니스의 세계에서 어디까지나 가만히 보고만 있을 수 없다는 얘기가 아마도 정직할 것이다(192페이지 '기업의 비즈니스 모델 특허 대응' 참조).

특허청 홈페이지(심의회 자료)의 특허청 자료를 보면, 비즈니스 관련 특허에 대해 다음과 같이 정리되어 있다.

① 컴퓨터 기초 기술, 통신 기초 기술, 데이터 처리 기초 기술, …… 이전부터 특허의 대상이 되었던 기술 분야.

② 비즈니스 시스템 인프라 기술(예＝전자결제, 전자화폐) …… 이전부터 특허의 대상이 되었던 소프트웨어 기술 분야.

③ 비즈니스 응용 시스템(예＝인터넷숍, 홈뱅킹) …… 매스컴이 다루고 있는 특허 출원. 소프트웨어 기술을 특정 비즈니스에 응용한 것으로 기존의 심사 기준으로 심사한다.

④ 비즈니스 모델, 비즈니스 아이디어 …… 매스컴 등에서 새롭게 특허가 된 것으로 잘못 다루고 있는 부분. 경제 법칙이나 인위적인 결정은 '자연 법칙을 이용한 기술적 사상의 창작'이 아니라는 것을 심사 기준은 명기해두고, 비즈니스 모델이나 비즈니스 아이디어는 특허의 대상에서 제외시키고 있다.

비즈니스 모델은 대체로 특허의 대상에서 제외되고 있다.

하지만 이미 특허를 취득한 '비즈니스 응용 시스템'도 매스컴 등에서 '비즈니스 모델'로 다루고 있는 것을 생각하면, 무엇을 '비즈니스 모델 특허'라고 부르는지에 대한 문제는 별 의미 없는 논의라고 할 수 있을 것이다.

특허 심사도 어렵다

앞에서 살펴본 대로 신규성·진보성의 기준을 잘 알지 못한다는 것은, 다시 말하면 심사하는 입장에서도 많은 어려움에 부딪친다는 것을 의미하기도 한다.

즉, 비즈니스 모델 분야는 한국이나 미국, 일본 등의 특허청에서도 선행 기술 문헌이라고 부를 만한 것이 없으며, 특허청 심사관이 신규성이나 진보성을 판단하기가 어려운 상황에 있다는 것이다.

특히 신규성에 대해서 신청 받은 비즈니스 모델이 세상에 이미 존재하고 있는지의 여부에 대한 확인은 더욱 어려운 것이다.

더구나 심사관 가운데서도 이 분야의 전문가가 별로 없고, 최근 들어 출원이 급속히 증가하고 있다는 점에서 특허청은 매우 어려운 상황에 직면해 있다고 생각된다.

물론 이 문제는 한국이나 일본에서 뿐 아니라 미국에서도 같은 상황이라고 할 수 있다. 따라서 이들 과제를 한시라도 빨리 극복하기 위한 대응이 기대되는 시점이다.

특허 법원이 안고 있는 과제

● 소송의 난발 우려

특허 법원도 특허청과 마찬가지로 여러 가지 염려와 문제를 안고 있다. 제5장 '비즈니스 모델 특허의 출원 쇄도와 분쟁'에서 설명한 분쟁이나 불씨의 현상에서 알 수 있듯, 비즈니스 모델 특허를 둘러싼 소송은 다음과 같은 이유에서 앞으로도 많이 발생할 가능성이 매우 크다.

① 새롭게 주목을 받아왔던 분야일 뿐, 신청하는 측이나 심사하는 측, 비즈니스 모델을 이용하는 측도 모두가 더듬거리고 있는 상태에 있다는 점.

② 비즈니스 모델의 성질상, 매우 폭넓은 범위를 수용함으로써 폭넓은 산업과 관계를 갖고 있다는 점.

③ 실제로 그 비즈니스 모델을 이용하여 비즈니스를 하고 있는 다른 기업도 다수 존재할 수 있다는 점.

④ 비즈니스 모델 자체는 고액의 연구 개발이 필요한 것이 아니

라 벤처기업, 나아가서는 한 개인도 비교적 쉽게 생각해낸다
는 점.

⑤ 특허 법원이 어떤 판단을 내리는지 반드시 명확한 것은 아니
라는 점.

비즈니스 모델 특허를 둘러싼 소송의 난발은 특히 시간이 많이
걸린다고 알려져 있는 일본의 재판 제도하에서는 더욱 심각하다.

왜냐하면 비즈니스 모델 특허와 같이 경미한 시간차로 도산 위
험에 처한 기업의 분쟁을 조속히 처리하지 못할 때 미치게 되는 영
향은 헤아릴 수 없이 크기 때문이다.

또한 빠르지 못한 재판 제도 때문에 재판의 수행이 비교적 빠른
미국에서 소송을 제기하는 사례가 증가하는 것으로 여겨진다. 그
렇게 되면 일본에서는 판례가 축적되지 않는 상황까지 예상된다.

● **전문 재판관의 부족**

특허청과 마찬가지로 비즈니스 모델 특허의 전문 재판관이 없다
는 점은 또 하나의 문제점으로 지적된다.

미국에는 CAFC가 특허 전문 법원도 자리잡고 있으나, 지방법원
규모에서는 전문부가 없다. 이에 반해 일본에서는 전문 법원은 없
지만 도쿄와 오사카의 고등법원과 지방법원 법원에 전문부가 있다.

그러나 미국에서는 특허 사건이 많이 제소되는 일부 지방법원에
특허를 전문으로 하는 재판관이 자연스럽게 생겨나기 시작하는 상
황이다.

● **판단 기준을 알 수 없다**

비즈니스 모델 특허에 대해서 법원이 어떤 판단을 내리는지를

잘 알 수 없는 것이 오늘날의 실정이다.

현재, 미국에서는 제3장 '비즈니스 모델 특허의 어제와 오늘'에서 설명한 스테이트 스트리트 뱅크 판결이나 AT&T 판결을 계기로, 특허성에 대해 어느 정도 기준이 생기고 있다고 할 수 있다.

하지만 개별 비즈니스 모델의 신규성이나 비자명성을 검토하는 기준은 아직 확실하게 정해지지 않은 상태이다. 물론 그 기준을 만들어 내는 것이 쉬운 일이 아니라는 점은 분명한 사실이다.

게다가 법원의 경우에는 보다 까다로운 기준을 만들어야 한다. 즉, 무엇이 침해이고, 무엇이 침해가 아닌지 하는 기준이 필요하다는 얘기이다.

어느 기업의 비즈니스 모델이 다른 기업에 특허 침해로 고소 당한 경우, 고소 당한 기업의 비즈니스 모델에 대해 특허를 인정했다 하더라도 고소 당한 기업의 비즈니스 모델이 그 특허를 침해했는지 여부는 별개의 문제이다.

그리고 앞으로 이야기해 나갈 경쟁법과의 균형이나 해외 사건에 대한 관할권 등의 논의까지 확대되어간다면, 특허 법원은 각종 이익의 균형을 검토하는 역할을 충실히 감당해야 한다.

기업의 비즈니스 모델 특허 대응

기업의 갈등

특허청도 법원도 과제를 안고 있기는 마찬가지이다. 하지만 비즈니스 모델 특허로 가장 심각한 부담을 안고 있는 쪽은 기업이다.

제5장 '비즈니스 모델 특허의 출원 쇄도와 분쟁'에서 언급했던 분쟁으로 상징되듯이, 일부 기업은 적극적으로 비즈니스 모델 특허를 둘러싸고 발빠르게 움직이고 있다.

그러나 대기업까지 포함해서 비교적 많은 기업은 정보가 뒤섞여 판단을 제대로 하지 못하거나, 대개 이 문제에 대해서 잘 모르는 것이 오늘날의 실상이다.

이제 비즈니스 모델 특허는 일반적으로 '기술'이라는 것과는 관련 없이 특허나 지적재산권에 대한 전문 지식을 갖고 있지 않았던 유통 산업이나 서비스 산업에까지 연루된 문제가 되었다.

그러나 이들 산업에서는 역시 빨리 와 닿지 않는다는 입장이 정직한 표현이 될 것이다.

또한 각국의 특허청 판단 기준이나 법원 판단이 확실하게 보이지 않는 상황 가운데서는 모든 기업이 촉각을 곤두세우고 체제를 정비해 둘 필요가 있다.

비즈니스 모델 특허에 대한 기업의 전략적 대응

비즈니스 모델 특허에 관한 기업의 전략적 대응에는 대략적으로 두 가지 종류가 있다.

첫째, 자사 비즈니스와 관계되는 비즈니스 모델에 대한 특허 정보를 조사·수집하는 것을 골자로 하는 대응.

둘째, 스스로 비즈니스 모델 특허를 적극적으로 출원하여 획득해 나가는 대응이다.

물론 이 두 가지를 모두 실시하고 있는 기업이 비즈니스 모델 특허를 가장 전략적인 방법으로 이용하는 기업이라고 할 수 있을 것이다.

후자에 대해 살펴보면 이러한 적극적인 대응을 취하는 기업의 목적에도 크게 세 가지가 있음을 알 수 있다.

첫째, 타사에 비즈니스 모델 특허를 제한 당하기 전에 스스로 제한해두려는 목적.

둘째, 직접 그 특허를 이용하여 타사에게서 라이선스료를 받거나 특허 침해를 이유로 배상금 등을 획득하는 것.

셋째, 비즈니스 모델 특허를 획득하여 시장 기업의 가치를 높임으로써 투자를 얻어내는 것을 그 목적을 생각할 수 있다.

▼ 비즈니스 모델 특허에 대한 기업의 대응

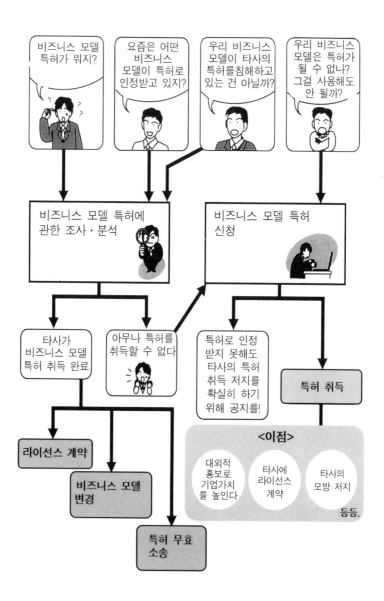

기업에 따라 어떤 목적에 중점을 두느냐는 다르겠지만, 많은 벤처기업이 주로 두 번째나 세 번째 목적으로 특허 신청·획득에 열을 올리고 있는 것으로 풀이된다.

분명 벤처기업 입장에서는 이제까지 아무리 비즈니스의 좋은 아이디어를 내고 노력하여 기업화해도, 곧바로 대자본에 의해 시장을 점유 당하고 마는 국면에 있었다고 할 수 있다.

그러나 비즈니스 모델 특허를 어떻게 이용하느냐 하는 방법에 따라서는, 그 아이디어를 무기로 라이선싱을 통해 투자를 회수할 수 있게 되는 것이다.

비즈니스 모델 특허에 대한 일본 기업의 대응

일본 기업은 당초 미국의 움직임에 뒤져 있었다. 하지만 1999년에 미국 분쟁이 본격화되는 상황을 지켜보며, 소니나 NEC 등이 비즈니스 모델 특허에 대해 대응하는 움직임을 시작했다.

또한 일본에서도 비즈니스 모델 특허를 상업의 도구로 사용하려는 기업이 등장하기 시작했다. 그 중에는 벤처기업뿐 아니라 스미토모 은행 등 이제까지 별로 지적재산권 세계에 크게 관심을 가지지 않았던 기업의 참가도 눈에 띈다.

비즈니스 모델 특허의 문제 유무를 떠나 지적재산권은 기업 입장에서 유리한 면과 불리한 면을 동시에 가지고 있다고 할 수 있다.

따라서 특허 유무의 사전 조사와 크로스 라이선스 등에 아무런 관련이 없었던 기업까지도 앞으로는 그 대응이 요구되는 상황에 봉착했다.

단, 이러한 경우라도 모든 기업이 자사에서 특허나 지적재산권 전문가를 고용하지 않고, 지적재산권 자체를 비즈니스로 하는 것을 이용하는(아웃소싱) 방식이 더 이상적일 것이다.

지적재산권 관련 비즈니스에 대해서는 제7장 '비즈니스 모델 특허의 향후 방향'에서 설명하기로 한다.

▼ 일본 기업의 비즈니스 모델 대응 움직임

- **SONY**

  1999년 7월에 각사 사내에 지적재산 부문을 신설하여 30명의 비즈니스 모델 특허 전문가를 육성하고 있다. 또한 같은 시기에 모든 사원이 비즈니스 모델 특허의 사례를 볼 수 있는 시스템을 도입했다.

- **NEC**

  1999년 6월에 '비즈니스 모델 특허 대책 프로젝트'에 착수하여 많은 부분의 비즈니스 모델 특허 연구팀을 발족시켰다. 2000년 1월에 이를 발전적으로 해소하여 수백 명 규모의 비즈니스 모델 특허 출원 추진 프로젝트를 개시했다.

- **히타치 제작소**

  1999년부터 지적소유권 재산 본부 전문가에 의한 비즈니스 모델 특허에 관한 강습회를 회사 전체 단위로 매주 1차례씩 개최하여, 비즈니스 모델 특허에 관한 인식 강화에 총력을 기울이고 있다.

- **도시바**

  1999년 12월에 약 10명으로 구성된 비즈니스 모델 특허 특명팀 'EC 특허 추진 프로젝트'를 개시했다.

- **ADC 테크놀로지**

  소프트웨어 회사인 ADC사는 넷 이용자에게 현금을 환원해주는 시스템으로 특허를 출원중이다.

- **일본 포토그래픽스**

  인터넷을 이용한 전자상거래에서 크레디트 인증 단말기에 의한 결제 방법을 개발하여 특허를 신청했다.

- **온셀**

  넷상의 경매를 사업으로 하고 있는 기업으로, 이미 전자 경매에 관한 특허를 신청해놓고 있다.

- **캐논**

  1999년에 들어서면서 지적재산 법무 본부에 약 20명의 전임 담당자를 배치하여 비즈니스 모델 특허 지식의 축적·보급 계몽을 추진하고 있다.

- **다이닛폰 인쇄**

  자사가 운영하는 가상 상점가 '넷갤럭시'에 입점하는 기업을 제안해온 EC 구조를 비즈니스 모델 특허로 신청함으로써 라이선스 수입 획득을 노리고 있다.

경쟁 정책과의 균형 문제

대체로 특허 제도는 독점금지법 등의 경쟁 정책과의 관계에 있어서는 긴장 관계에 있다. 특허는 인공적으로 독점을 만들어내고, 그것을 국가적으로 일정 기간 보호한다는 면에서 극히 경쟁 제한적인 요소를 가지고 있다고 할 수 있다.

이러한 특허가 비즈니스 모델이라는 업종 보편적인 것에 대해 인정할 수 있게 되면, 이 경쟁 정책과의 문제가 보다 주목받게 될 가능성도 있다.

일본의 경우에는 독점금지법 제23조에 보면, '이 법률 규정은 저작권법, 특허법, 실용신안법, 의장법 또는 상표법에 따른 권리 행사로 인정되는 행위에는 이를 적용하지 않는다'는 규정이 명시되어 있다.

하지만 미국에서는 각각 명시적인 규정은 없으며, 특허를 가지고 있는 사람이 경쟁 정책의 관점에서 독점금지 위반으로 기소당하는 경우도 있다.

국경을 넘어선 문제

문제의 본질

비즈니스 모델 특허의 큰 특징은 인터넷을 중심으로 한 네트워크 활용에 중점을 두고 있다는 점이다. 그리고 이 특징은 우리에게 매우 큰 과제를 안겨주고 있다.

앞에서도 소개한 바대로 특허는 속지주의 사고 방식을 채용하고 있으며, 그 성립이나 효력은 그 나라 안에서만 제한되어 적용되고 있다.

그렇기 때문에 이전에는 본인이 속한 나라에서만 보호를 받기 원하면 당국에 특허를 신청하는 것으로 충분했다. 그리고 다른 나라에서도 보호받기를 원할 때에는 그 나라에 특허를 신청하는 식의 매우 간단한 대응으로 끝났었다.

또한 자신의 제품이나 기술이 다른 사람의 특허를 침해하고 있는지를 확인하기 위해서는 자기 나라의 특허를 확인하는 것으로 충분했었다.

그러나 세계화, 인터넷으로 대표되는 네트워크화는 그 단순한 도식을 바꾸어버렸다.

그럼 세계화·네트워크화가 어떻게 그 단순한 도식을 바꾸었는지 구체적으로 살펴보기로 하자.

예를 들어 여러분이 어떤 인터넷을 이용하여 비즈니스 모델을 고안해냈다. 그런데 그 비즈니스 모델은 국내에서는 본 적도 들은 적도 없고, 특허청 조사에서도 기존 특허 중에 저촉될 만한 사항이 없다고 하자. 특허는 속지주의이고, 한국어로 한국인을 상대로 하는 비즈니스인 이상 이 정도면 아무런 문제가 없다.

그러나 미국에서 이 비즈니스 모델이 특허로 인정받았거나 이미 신청되었거나 하게 되면 얘기는 그렇게 간단히 끝나지 않는다.

즉, 미국 특허권자가 "당신이 시작한 서비스를 미국에 있는 한국어를 이해하는 사람이 이용할 가능성을 배제할 수 없는 이상, 이것은 자신의 특허를 침해당한 것이다"라는 주장을 할 지도 모르는 일이다.

더구나 비즈니스 모델 특허와 같이 새로운 분야에서는 정해둔 조약도 없고, 지역에 따라 그 특허 범위에 차이가 생기기 때문에 사태는 더욱 해결하기 어려운 지경에 이르고 만다.

가령, 위의 예와 같이 당신이 고안해낸 비즈니스 모델이 국내에서는 특허로 인정받지 못해 보호조차 받지 못하고 있는데, 미국에서는 다른 사람이 특허를 취득하면 어떻게 하겠는가?

그리고 그 때문에 자신이 판매시장으로 생각하지 않았던 미국의 특허권자에게서 특허 침해로 고소를 당하게 된다면 납득할 수 있겠는가.

▼ 자국에서는 문제가 되지 않아도 일단 바다를 건너면 '특허 침해'가 될 수도 있다

일본 법원의 사고 방식

일본 법원은 이 문제를 어떻게 받아들이고 있을까.

비즈니스 모델 특허와는 다르지만 도쿄지방법원은 미국 특허법이 미국 이외의 지역으로 적용되는 것을 규정하는 것에 대해, 일본 특허 제도의 기본 원칙과 양립할 수 없는 것으로 판단, 미국 특허법을 근거로 한 금지 및 손해배상 청구를 기각한 예가 있다(1999년 4월 22일).

이 판결에서는 법원은 특허법의 속지주의를 엄격히 해석하기 때문에, 이에 앞서 나온 사례에 적용시켜 미국의 특허를 침해한 것이 아니라는 결론을 내렸다.

그러나 이 판결에 대해 네트워크 시대에는 적용할 수 없는 것이 아니냐는 의문의 목소리도 높아지고 있다.

또한 더욱 심각한 것은 이는 어디까지나 일본 법원의 판단이며, 미국 법원에서는 제소 당한 경우에 다른 결론이 나오는 경우도 충분히 고려될 수 있다는 점이다.

어쨌든 이 문제는 비즈니스 모델 특허 범위의 문제와 특허가 국경을 넘어서 어디까지 미치느냐에 관한 문제가 복합적으로 얽힌 매우 골치 아픈 과제 중 하나임에는 틀림이 없다.

몇 가지 해결 방법

이 문제에 대해서 서비스를 제공하고 있는 서버의 소재지를 기준으로, 그 소재지의 특허나 법률을 적용하는 것이 바람직하다는 견해가 있다.

　그러나 이 방식을 철저히 연구해보면 서버를 특허 제도가 없는 나라에 두면, 저절로 특허 침해 비즈니스가 될 수 있다는 결론에 이르게 된다. 조세 회피지(Tax Haven)가 아닌 특허 회피지(Patent Haven)가 되는 것일까.

　또한 '국내 전용'임을 홈페이지에 명기하여 대응하겠다는 움직임도 있다. 현재, 이 건이 분쟁으로 이어져 법원이 판단을 내린 예가 없기 때문에, 그 법적 효과에 대해서는 확정되지 않았지만 위험 부담을 줄인다는 의미는 있다고 할 수 있겠다.

인터넷의 발전과 함께 '국경'을 둘러싼 혼란도 확산되는 경향을 보이고 있다. 즉, 우리 사회를 둘러싼 많은 제도는 국가 단위에서 형성되고 있다.

이러한 제도는 특허 제도뿐 아니라 형법, 계약 규칙, 세금, 소비자보호법이나 독점금지법 등 이루 헤아릴 수 없을 정도로 많다.

이 모든 제도에 대해 인터넷이 기존의 틀을 의미 없는 것으로 받아들이려 한다고 해도 과언이 아니다.

이들 네트워크에 따른 국경 초월(cross-border)의 문제에 대해서는 다양한 논의의 장이 펼쳐지고 있는 것이다. ABA(미국법조협회), Internet Law and PolicyForum(http://www.ilpf.org) 등에서도 검토가 진행되고 있다.

또한 2000년 2월 28일부터 3월 1일까지 하그 국제사법회의 전자상거래 전문가 협회가 열렸고, 여기서 폭넓은 논의가 이루어졌다.

비즈니스 모델 특허 문제를 포함하여 인터넷에 의한 국경 없는 네트워크 사회에서, 이들 제도 등과 같이 규칙을 지켜 나가는 문제에 대해서는 네트워크 사회의 자유로운 발전이 가져오는 이점임을 잊지 않으면서 각국이 협력해 나가는 일이 필요하다.

특허청·법원뿐 아니라 전문가가 부족하다

특히 한국에서는 특허를 비롯한 지적재산권에 관한 전문가가 턱없이 부족한 실정에 놓여 있다.

이는 미국 기업과 일본 기업 등 세계적 기업과 특허 분쟁을 일으킬 경우 불리할 뿐 아니라, 이러한 비즈니스 모델과 같이 경영 전략과 보다 밀접하게 관계되는 경우에는 회사의 상권 자체를 지킬 수 없게 되는 결과를 낳을 수도 있다.

물론 회사 내에 전문가를 둘 필요까지는 없으며, 사외에 신뢰할 수 있는 지적재산권 분야의 프로를 확보하는 체제를 갖추는 것이 필수적이다.

그러기 위해서는 지적재산권 관련 비즈니스가 늘어나고, 그 가운데서 양질의 비즈니스가 제공되는 것이 중요하다.

그러므로 다음 장에서는 특허 비즈니스의 향후 방향에 대해 살펴보기로 한다.

　　한국에 특허를 비롯한 지적재산권 전문가가 적은 이유 중 하나가 교육 제도에 있다.

　　미국에서는 대학에서 기술 관련 학사학위를 취득한 학생이 로스쿨에 들어가 최종적으로 Patent Attorney(특허변호사)라는 변리사와 변호사의 자격을 동시에 갖는 프로가 되어 지적재산권 관련 서비스의 핵심적 역할을 담당하고 있다.

　　로스쿨에는 특허법, 저작권법 등의 지적재산권 관련 코스가 체계적으로 잘 갖춰져 있으며, 대학에 따라서는 지적재산권 전문 연구 기관을 두고 있는 곳도 있다.

　　워싱턴대학 로스쿨 CASRIP(Center for Advanced Study and Research on Intellectual Property)는 그 대표라고 할 수 있겠다.

　　시애틀이라는 장소의 성질상, 소프트웨어 등의 첨단 분야의 지적재산권 문제를 중심으로 다루어 나가면서 국제 비교에도 힘을 쏟고 있다.

　　미국의 로스쿨 교육은 한국이나 일본보다 매우 실천적이라는 데에 그 특징이 있다. 예를 들어 로스쿨의 지적재산권 코스에서는 법률사무소의 특허 변호사나 마이크로소프트의 법무 부문 담당자가 직접 강의를 한다.

　　이러한 고등교육의 차이가 지적재산권 전문가의 층의 두터움에서 한국은 미국 등의 선진국들과 현저한 차이를 가져오는 것임을 부인할 수는 없다.

제 7 장
비즈니스 모델 특허의 향후 방향

전략 입안 장면

비즈니스 모델 특허가 출현함에 따라 비즈니스 본연의 이미지 자체가 크게 달라졌다는 느낌이 든다. 비즈니스 모델 특허는 위협일 뿐 아니라 무한한 가능성이 잠재해 있는 존재이기 때문이다.

비즈니스 모델 특허가 개척해 나갈 새로운 비즈니스의 가능성을 검토해보기로 하자.

오늘날 기업 전략을 생각할 때에는 업계지 기사나 보도 관계자용 경쟁 기업 발표, 자사의 기술 개발 예정, 영업부에서의 다양한 고객 정보 등을 발상의 실마리로 삼아 전략 입안의 논의를 진행해 나가고 있다.

사업의 포트폴리오를 작성하고 각 사업을 경영 평가 지표로 평가하여 전략을 세우게 된다. 이어서 비용 삭감 수단이나 자금 조달 계획을 검토하고, 환율 변동의 위험 부담을 막을 수 있는 수단도 검토하게 될 것이다.

비즈니스 모델에 대한 특허가 확대되어 나가는 경우에는 앞으로

20년간(최근 출원의 절정을 맞고 있는 비즈니스 모델 특허의 대략적 유효 기간)은 전략 입안이 조금 변할 것 같다.

왜냐하면 비즈니스 모델 특허가 일반화되면 어떤 사업을 시작하기 위해서는, 관련 특허의 실시권을 획득하는 것이 사업 기획의 필수 조건이 되기 때문이다.

전략 입안의 힌트는 특허 데이터 베이스에서 찾을 수 있다. 그리고 자사의 특허 포트폴리오를 작성하는 것이 전략 입안을 만들 때 불가결한 요소가 될 것이다.

또한 특허 실시권을 확보하는 것이 전략 실현의 첫걸음이다. 특허 실시권을 '사는' 또는 '파는' 권리의 옵션도 매매될 것이다.

경영진은 경제 환경이나 시장 동향을 지켜보면서 특허 데이터 베이스를 검색하는 일을 빼놓지 않게 된다. 그리고 사업 포트폴리오와 함께 특허 포트폴리오를 작성하게 되고, 이어서 특허 실시권 획득에 대한 교섭을 하게 된다.

물론 이제까지와 마찬가지로 비즈니스 모델에 관한 특허를 자사에서 개발한다는 선택지도 있다.

하지만 오늘날의 비즈니스 모델 특허 개척의 추세를 살펴보면, 머지 않아 대부분의 비즈니스 모델에 관한 특허가 모조리 없어지는 경우도 생각해보아야 한다.

또한 특허 침해로 기소 당할 위험을 줄이기 위해서라도 새로 특허를 출원하는 것보다는, 성립된 특허의 실시권을 획득하는 것이 확실한 방법이라고 할 수 있다.

특허 출원을 한다고 해도 반드시 인가를 받게 되는 것은 아니며, 특허 조사에서 발견할 수 없는 '출원 후, 공개 전'의 특허도 존재하기 때문이다.

특허 포트폴리오는 사업 환경에 관한 포트폴리오 보다는 높은 정확도로 비즈니스의 성패를 표시하는 경우가 대부분이다.

사업 포트폴리오의 경우 타사가 예상 이상의 투자로 사업 확대를 계획하는 등의 요인을 고려할 수 없다(복수 비즈니스 시나리오의 하나로서는 고려할 수 있지만).

특허 포트폴리오는 비즈니스를 하기 위한 권리를 어떤 의미에서는 독점적으로 확보한 것을 표시하는 것이기 때문에 사업 전망의 정확도도 높아진다고 볼 수 있다(물론, 새로운 비즈니스 모델 특허의 성립 등 특허 포트폴리오에 관해서도 불확정 요인은 없지만).

명확한 특허 포트폴리오는 자금 조달에도 매우 강력한 수단이 된다. 특허를 담보로 자금을 융자받거나 사업 자금으로 출자를 받을 수 있기 때문이다. 또한 '어느 시기에 특허 사용권을 사는 권리인 옵션'을 구입하는 것도 큰 효과를 거둘 수 있다.

옵션이란, 실제 상품을 매매하는 것이 아니라 일정 기간 후에 상품을 매매하는 권리를 사고 파는 것을 '옵션 거래'라고 한다.

실제로 상품을 구입할 경우, 상품만 사는 것보다는 옵션 권리를 사는 만큼 총 구입 대금은 높아진다. 반대로 구입할 필요가 없어졌을 때에는 옵션을 행사할 권리를 포기하면 되고 손실은 옵션 대금에 머물게 된다.

예를 들어 실제로 특허 실시권을 구입하기 위해서는 10억 원이 필요한 특허라 해도 6개월 후에 10억 원으로 구입할 권리가 있다면 5000만 원에 구입할 수 있는 가능성도 있다.

적은 자금으로 사업에 필요한 특허 포트폴리오를 옵션을 이용하여 만들어내고, 그 포트폴리오를 토대로 실제 특허 실시권을 구입하기 위한 자금을 모을 수 있게 된다는 얘기이다.

▼ 특허 포트폴리오

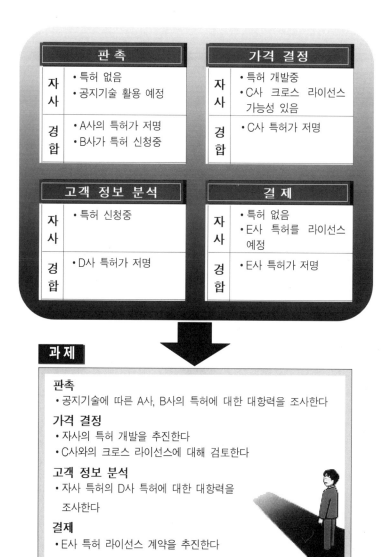

판 촉	
자사	• 특허 없음 • 공지기술 활용 예정
경합	• A사의 특허가 저명 • B사가 특허 신청중

가격 결정	
자사	• 특허 개발중 • C사 크로스 라이선스 가능성 있음
경합	• C사 특허가 저명

고객 정보 분석	
자사	• 특허 신청중
경합	• D사 특허가 저명

결 제	
자사	• 특허 없음 • E사 특허를 라이선스 예정
경합	• E사 특허가 저명

과제

판촉
• 공지기술에 따른 A사, B사의 특허에 대한 대항력을 조사한다

가격 결정
• 자사의 특허 개발을 추진한다
• C사와의 크로스 라이선스에 대해 검토한다

고객 정보 분석
• 자사 특허의 D사 특허에 대한 대항력을 조사한다

결제
• E사 특허 라이선스 계약을 추진한다

IT 컨설팅과 비즈니스 모델 특허

오늘날 이루어지고 있는 경영 컨설팅의 대부분은 정보 시스템의 개발로 구체화되어 간다.

아무리 뛰어난 정보 전략이라도 실현 가능성이 없으면 아무 도움이 안 된다고 생각해왔지만, 보다 큰 부가가치를 창출해내는 비즈니스 방식을 정보 시스템으로 실현함으로써 더 이상 전략이 '그림에 떡'으로 끝나지 않게 되었다.

이러한 경영 전략을 정보 시스템으로 실현시켜 나가는 타입의 컨설팅을 'IT(정보 기술) 컨설팅'이라고 하며, 현재 컨설팅의 주류를 이루고 있다.

IT 컨설팅이 시행되고 있는 '보다 큰 부가가치를 창출해내는 비즈니스 방식을 정보 시스템으로 실현한다'는 것은, 실제로 비즈니스 모델 특허를 개발하고 있다는 것을 의미할지도 모른다.

왜냐하면 제4장 '비즈니스 모델 특허의 개발'에서 말한 바와 같이, 비즈니스 모델 특허 개발은 더 좋은 비즈니스 방식을 개발하여 그것을 정보 시스템화하는 것이기 때문이다.

현재 IT 컨설팅을 시행하는 데에는 앞으로 발상한 컨셉을 특허화하거나, 이미 특허화된 비즈니스 방식을 채용할 필요성이 제기되고 있다.

예를 들어 설명하도록 하자.

아더앤더슨사에서는 분배 서비스(shared service)라는 기업 그룹 경영 효율화 기법을 제안하고 있다.

이것은 결산 처리나 급여 계산, 경리의 부기 처리, 복리 후생 시설 관리, 연금 관리 등을 각 기업이 개별적으로 행하지 않고, 그룹 기업 중에 전문 서비스 센터를 만들어 집중적으로 업무를 담당하는 방식을 들 수 있다.

각 기업에서 개별적으로 일이 처리되는 것보다는 적은 인원수로 처리할 수 있기 때문에 기업 그룹 전체로서는 당연히 효율화를 꾀할 수 있다.

실제로 이와 비슷한 기법이 특허 출원되고 있다. 제5장 '비즈니스 모델 특허의 출원 쇄도와 분쟁'의 '비즈니스 모델 특허에 관한 분쟁'에서도 다루었던, 특개평 11-154194 '복수 기업의 자금 재무 정보를 담당하는 컴퓨터 통합 관리 방법 및 시스템'이 그것이다.

이 특허는 기업 그룹에 한 계좌를 만들어 하나의 그룹 기업은 그 계좌로 가상계좌를 갖는 기법이다.

그룹 기업간의 자금 교환 방식은 한 계좌로 자금 교환이 이루어지고, 불입 수수료 등을 적게 내고 일 처리를 할 수 있다는 장점이 있다. 이밖에도 기업 그룹 전체 자금의 향방을 쉽게 파악할 수 있다는 점도 이점이 된다.

이 특허는 분배 서비스를 실현하는 하나의 유효 수단으로 볼 수 있다. 좀더 설명하자면 분배 서비스 가운데서도 기업 그룹에서의 통합 자금 관리에 관해서는 가장 효율적인 기법이라고 할 수 있다.

급여나 복리 후생 시설 이용료 불입 등 많은 분배 서비스 방식이 이 특허를 이용하여 효율적으로 실현할 수 있기 때문이다.

연결을 중시하는 경영 평가 경향에서 봐도 분배 서비스는 앞으로 널리 확산되어 실현될 수 있는 경영 효율화 기법(유명한 EVA 라는 경영 효율 평가 기법은, 스턴 스튜어트사가 'EVA'를 상표, 즉 트레이드마크로 권리화함으로써 권리를 확립하고 있다)이라고 할 수 있다. 그리고 이 기법은 아더앤더슨사가 서적을 출판하여 저작 권으로 보호받고 있다.

저작권의 경우, 분배 서비스라는 방식을 다른 이름과 다른 서술 방식으로 설명하는 제3자에게는 대항력이 없다. 저작권은 '아이디 어'가 아니라 '표현'을 보호하는 것이다.

이에 반해 특허로 권리화해두면 특허 유효 기간 중에는 확실한 보호를 받을 수 있게 된다.

앞으로 IT 컨설팅 절차 중 하나로 '비즈니스 모델의 특허화 상황 조사'를 편성할 필요성 또한 제기되고 있다. 반대로 특허를 취득한 후에 소프트웨어로 비즈니스 모델을 실현함으로써 특허 침해의 위 험을 피할 수 있는 방책도 강구되고 있다.

물론 이러한 점은 컨설팅을 활용하지 않고 사내에서 경영 개혁 이나 업무 개혁을 할 때에도 고려되어야 한다.

여하튼 IT를 활용한 경영 개혁이나 업무 개혁에는 비즈니스 모 델 특허에 관점을 빼놓아서는 안 된다.

지적재산권 관련 비즈니스의 동향

그럼, 이제 지적재산의 선진국인 미국의 사례를 중심으로 비즈니스 모델 특허에 관한 지적재산권 비즈니스의 동향을 살펴보기로 하자.

회계 사무소의 지적재산권 관련 사업

미국의 대규모 회계 사무소에서는 이미 지적재산권에 관한 서비스가 사업의 큰 부분을 차지하고 있다.

원래 '기업 전략' 자체가 지적재산이며, 특허 이외에도 상표권 등에 관해서도 여러 권리의 확보와 옹호를 위한 비즈니스가 존재한다(다음 페이지 '회계 사무소의 지적재산권 관련 사업' 참조).

▼ 회계 사무소의 지적재산권 관련 사업

지적재산권에 관한 분쟁 지원	• 지적재산권 침해에 따른 경제적 손해 산출
지적재산 관리	• 지적재산의 사업화 계획 • 지적재산 전략 책정 • 지적재산 매매에 관한 어드바이스 • 라이선스 취득에 관한 어드바이스 • 페턴트 포트폴리오 관리
지적재산 평가와 세무 지원	• 지적재산권 거래의 특허 가치 평가 및 과세 산정 • 세무 처리 대행
로열티 감사	• 지적재산권을 토대로 한 라이선스 로열티 수입에 관한 감사

특허 포트폴리오 사업

미국에서는 이미 기업 전략의 기초 자료로 특허 포트폴리오를 작성하기 시작했다.

특허 포트폴리오의 작성 및 활용이 하나의 컨설팅 사업 분야로서 확립되어 가고 있다(218페이지 '특허 포트폴리오 사업의 서비스 예' 참조).

지금까지 언급한 바와 같이 특허 포트폴리오는 사업 전략의 기초 자료로서 중요한 역할을 담당하고 있으며, 자금 조달에도 크게 기여하고 있다.

그러므로 특허 포트폴리오 작성을 위한 컨설팅도 당연히 하나의 컨설팅 영역으로 뻗어 나갈 것으로 보고 있다.

TLO(Technology Licensing Organization)

미국에서는 1980년에 이른바 바이 돌법이 제정되어 대학 등에서 만들어내는 최첨단 기술·발명에 관한 특허에 대해 민간에 기술 이전을 하는 기관이 설립되었다. 이러한 기관을 TLO(Technology Licensing Organization)라고 한다.

TLO는 민간 사업자에게 대학 등이 개발한 선진 기술을 이전하고, 지적재산의 사업화·산업 이용 촉진을 그 목적으로 하고 있다. 미국의 TLO는 라이선스 수입 등을 통해 대학의 자금 조달에도 공헌하고 있다.

▼ 특허 포트폴리오 사업의 서비스 예

● 미국 특허, 유럽 특허 등의 특허 정보, 상용 데이터 베이스에
  서 정보 수집/분석
● 기업이 보유하는 특허 페턴트 포트폴리오 작성
● 기업이 계약하고 있는 변리사의 능력 사정
● 업계의 기술 동향 조사
● 기업의 특허 전략 책정
● 라이선스 교섭에 대한 어드바이스
● 연구 개발 전략에 대한 어드바이스
● 특허 라이선스 중개 및 공동 연구 조정
● 연수 프로그램

(특허청 자료에서 작성)

▼ 앞으로의 특허 비즈니스

지금까지의 특허 비즈니스

● 선원 조사 대행
● 특허 집필 대행
● 특허 신청 대행
● 특허 매매 중개

이것은 주로 전문 변리사, 변호
사가 담당한다. 앞으로도 이러
한 비즈니스는 계속될 것이다.

앞으로의 특허 비즈니스

● 비즈니스 특허 베이스 IT 컨설팅
● 비즈니스 모델 패키지 비즈니스
● 특허 자격 부여
● 특허 선물
● 특허 공동 출자
● 특허의 증권화
● 특허 트레이딩 센터
● 특허를 기본으로 한 IR
● 특허 정보 공유
● TLO(기술 이전 기관) 창설 지원

이것은 지적재산권과 IT를 전문으로 하
는 컨설턴트와 분석가가 담당하게 된다.

민간기업과의 공동 연구에 관해서도 비즈니스로서의 사업성이 중요한 테마 선정의 기준이 되고 있다.

미국 TLO는 대학과 비즈니스를 단순히 연결지음으로써, 비즈니스를 위해 대학 연구 개발력을 이용하려 하고 있다고 해도 좋을 것이다. 현재까지 미국에서는 200개가 넘는 TLO가 설립되었다.

예를 들어 메사추세츠 공과대학(MIT)의 TLO는 1999년에 낸 특허 출원이 260건, 소프트웨어의 라이선스 공여 안건이 110건, 관련 창업 기업수가 24건으로 매우 활발한 활동을 전개하고 있다.

기술 이전에 따른 수입도 약 2억 달러(약 2000억 원)에 달하는 것으로 알려져 있다(특허 로열티 부분은 이 중 약 200억 원).

라이선스 수입으로 미국 제 8위에 올라 있는 워싱턴 대학에서는 로스쿨과 비즈니스스쿨 등도 참가한 대학 전체의 테크놀로지 인큐베이터 설치가 진행되고 있다.

이것이 진행되면 라이선스 뿐 아니라 대학 자체가 사업을 시작하고, 성장한 곳에서 매각하여 고수익을 올릴 수 있게 된다.

또한 미국에서는 TLO의 활동을 유지시키는 조직으로 AUTM (대학 기술 관리자 협회)이 있고, 기술 이전에 종사하는 인재에 대한 연수를 실시하고 있다.

일본에서도 TLO에 관한 계약은 진행되고 있다. 일본에서는 1998년 8월에 시행된 '대학 등 기술 이전 촉진법'이라는 법률을 토대로 시작되고 있다.

현재 홋카이도 지역(홋카이도 TLO), 동북 지역(도쿄 테크노아치), 츠쿠바 대학(츠쿠바 연락 연구소), 도쿄 대학(첨단 과학 기술 인큐베이션 센터), 도쿄 공업대학(이공학 진흥회), 와세다 대학(와세다 대학 학외 제휴 추진실), 게이오 대학(게이오 기주크 지적 자산 센터), 니혼 대학(니혼 대학 국제 산업 기술·비즈니스 육성 센터), 관서 지역(관서 TLO), 야마구치 대학(야마구치 TLO) 등 10개 대학이 설립되고 있다.

일본의 TLO는 미국에 비하면 매우 적은 숫자이고, 연구 성과를 선전할 만한 인재를 충분히 확보하지 못했다는 것도 약점으로 꼽히고 있다.

관서 TLO에서는 설립 후 1년 정도 지나는 동안 40건의 특허를 출원했지만, 민간에 이전할 수 있는 특허는 단 2건에 불과하다고 한다. 기술을 비즈니스로 연결해 나가기 위해서는 경영적인 관점이 없어서는 안 된다는 사실을 재인식할 필요가 있다.

일본의 경우 비즈니스에 관한 고등 교육의 폭이 넓지 않기 때문에, TLO의 활동을 뒷받침해주는 것은 회계사나 중소기업 진단사 등이다. 대학 측이 비즈니스 쪽으로 좀더 적극적인 자세로 방향을 돌려 경영 일선에서도 연구자를 돕기 위한 활약을 할 필요가 절실해진다.

비즈니스 모델 패키지

비즈니스 모델에 관한 특허를 취득하고 사업으로서도 성공한 기업이 현재 검토하고 있는 것이 특허화된 비즈니스 모델을 소프트웨어 패키지로 판매하는 것이다.

같은 업계의 경쟁사에게는 판매할 수 없지만, 경쟁 관계가 없는 다른 시장에서 비즈니스를 하고 있는 기업에게는 판매가 가능하다.

실제로는 현재 소프트웨어 패키지를 판매하고 있는 소프트웨어 판매자가 특징 있는 비즈니스 모델 특허의 사용권을 획득하여 자사 제품에 편입시켜 판매하게 되는 것이다.

비즈니스 모델 특허를 소유한 기업은 소프트웨어 패키지가 팔릴 때마다 로열티를 받게 된다. 소프트웨어 판매자는 판매하는 소프트웨어 패키지가 비즈니스 모델 특허를 편입시킨 만큼 판매 가격을 올려 이익을 늘릴 수 있다.

소프트웨어 패키지를 판매할 때 소프트웨어 패키지 판매원은, 그 소프트웨어 패키지가 'best practice'(가장 경쟁력 높은 방식)를 실현하고 있다고 설명한다.

그러나 소프트웨어 패키지가 실현하는 방식이 가장 경쟁력 있는 것인지는 증명할 방법이 없다.

소프트웨어 패키지가 비즈니스 모델 특허를 조합시킨 경우에도 최고임을 증명할 수는 없다. 하지만 경쟁력 있는 비즈니스 모델 실시권을 독점하고 있다는 점에서 상품력을 높일 수가 있다.

지금도 패키지로 판매되고 있는 소프트웨어의 대부분은 기술적으로 특징이 있는 부분에 대해서는 특허를 취득하고 있다. 그러나 아직 전면적으로 비즈니스 모델 특허를 내는 판매는 이루어지지 않고 있는 실정이다.

비즈니스 모델 특허에 의해 패키지 소프트웨어 비즈니스에는 큰 제동이 걸리게 되었다.

'닫힌' 특허에서 '열린' 특허로

비즈니스 모델 특허로 인정받고 있는 것 중에 특허 비즈니스 자체가 크게 바뀌어 가는 것을 볼 수 있다.

특허는 발명자의 이익과 함께 사회 전체의 진보를 고려하여 더욱 열린 자세로 나가야 할 것이다.

지금까지는 특허를 취득하는 것이 중요하다고 생각해왔다. 특허를 취득하면 권리로 보호받고, 비즈니스를 일정 기간 독점할 수 있는 것이 특허의 의미라고 생각해왔기 때문이다.

물론 지금도 특허 라이선스를 받아 비즈니스를 하고 있는 경우가 적지 않다. 하지만 그 경우에도 라이선스를 받지 않으면 그 기술을 사용할 수 없다는, 혹은 라이선스를 받아두지 않으면 특허 침해로 고소 당한다는 닫힌 발상에서 라이선스를 받는 경향이 매우 강했었다.

'닫힌 특허'의 의미는 성립된 특허를 더 많은 기회를 통해 활용해 나가는 데에 있다.

특허는 실제로 지적 '재산'으로서 토지나 건물, 기계 등의 기타 재산과 똑같이 경제적으로 거래된다. 즉, 매매되고 유통되면서 시장이 생겨나가는 것이다.

원래 특허를 유지를 위해서는 비용이 들기 마련이다. 그렇지만 비용을 회수하기 위한 기회를 크게 넘긴 적은 없다.

특허의 가치가 적정하게 평가되거나 채권과 같이 자격이 부여되어 투자 대상으로 취급되면, 특허의 유통 속도가 빨라져 경제 발상에 기여하기 때문이다.

비즈니스 모델 특허로 비즈니스를 독점하는 것이 아니라, 가장 효율성 있는 업무 방식이나 처리 방법을 모두가 사용한다는 발상이 보다 큰 가치를 창출한다고 할 수 있다.

그리고 그것은 사용하는 쪽만이 아니라 특허권자에게 있어서도 이익을 가져오는 것이 필요하다.

특허가 보다 열린 형태로 활용되기 위한 필요 조건으로 다음의 세 가지에 대해 설명해보도록 하자.

① 특허의 자산화
② 특허의 증권화
③ 특허의 오픈 설계화

특허의 자산화

특허가 제품이나 시스템 하나 하나의 요소 기술에서 좀더 넓은 비즈니스 방식으로까지 확대되면서, 특허가 창출해내는 가치의 산정이 더 쉽게 이루어졌다고 할 수 있다.

하나 하나의 요소 기술에서는 그 하나 하나가 비즈니스에 얼마만큼 공헌하고 있는지를 좀처럼 측정하기 어렵다. 하지만 비즈니스 방식 전체를 보면 요소 기술보다는 효과의 산정이 쉬워진 것으로 볼 수 있다.

그럼 특허를 경영상의 가치를 창출해내는 기업의 자산으로 볼 수는 없는 것일까?

대차대조표(밸런스 시트)에는 자산과 부채, 자본의 구분이 있다. 특허는 지적재산이라고 부르는 것처럼 재산의 일부임에도 불구하고 자산에는 계상되지 않는다.

회계 기준 원칙에서 생각해보면 특허를 가치화할 수 있는지 없는지 너무 불확실하기 때문에 대차대조표상에는 계상되지 않는다는 것이다.

마찬가지로 브랜드 파워 등도 대차대조표에는 계상되지 않는다. 그러나 매수가 이루어질 때에는 브랜드 파워가 대차대조표상에서 계상된다.

회계 원칙에서는 기업을 매수할 때 자산 가치 이상으로 매입할 때, 그 차액을 'Good Will' 또는 '무형 이익'으로 대차대조표 자산에 계상한다.

그리고 일정 기간 동안 해마다 상각(償却)하고 있다. 상각함으로써 눈에 보이지 않는 자산인 'Good Will'(무형의 이익)을 대차대조표상에서 얼른 지워버리고 싶어한다.

기업의 가치 평가 시점에서는 스턴 스튜어트사가 올리고 있는 EVA의 컨셉이 매우 흥미롭다고 말하고 있다.

스턴 스튜어트사는 브랜드의 가치는 그렇게 쉽게 감소하는 것이 아니므로, 해마다 매년 상각할 필요는 없는 것으로 규정한다.

▼ 밸런스 시트와 밸런스 시트에 기재하지 않는 자산

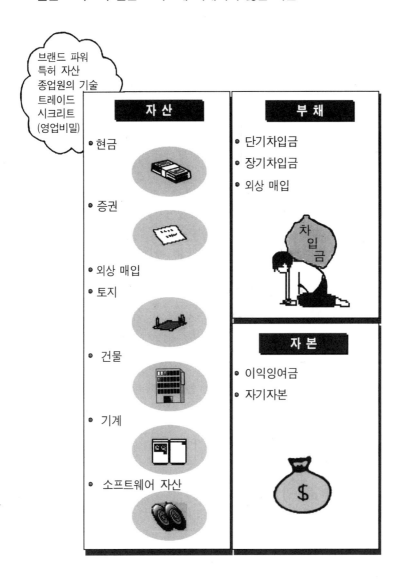

브랜드 파워
특허 자산
종업원의 기술
트레이드
시크리트
(영업비밀)

자 산
- 현금
- 증권
- 외상 매입
- 토지
- 건물
- 기계
- 소프트웨어 자산

부 채
- 단기차입금
- 장기차입금
- 외상 매입

차
입
금

자 본
- 이익잉여금
- 자기자본

즉, 눈에는 보이지 않는 또는 정량화가 어려운 브랜드 파워에 대해서도 대차대조표상에 확실하게 기재해두어야 한다는 주장이다.

그밖에 스턴 스튜어트사는 연구 개발비나 설비 개량비도 비용이 아닌 자산으로 계상할 것을 권유하는 등 앞으로 가치를 만들어낼 지출을 자산으로 계상해야 한다고 주장하고 있다.

회계 원칙에 맞춘 재무제표에서는 기업의 가치는 평가할 수 없다는 것이 스턴 스튜어트사의 기본적 방침이다.

특허에 대해서도 이 방침이 적용된다. 특허는 기업에 있어서 앞으로 몇 년여에 걸쳐 계속해서 가치를 창출해낼 가치의 원천(=자산)인 것이다.

특허를 자산으로 계상할 때에는 그 특허 개발에 소요된 개발비를 기준으로 하는 방식도 있다.

제5장 '비즈니스 모델 특허의 출원 쇄도와 분쟁'에서도 언급한 바와 같이, 아마존닷컴사의 제프 베조프 대표는 반즈 앤드 노블사를 기소하면서 "우리는 원클릭 개발에 수천 시간을 들여왔다"고 말했다.

여기서 말하는 '들여왔던 시간'이 발명(= 특허) 부분을 개발하기 위해 소비된 것인지, 아니면 컴퓨터 프로그램 개발을 위해 소비된 것인지에 따라 이야기는 달라진다.

프로그램 개발을 외부에 위탁했을 경우에는 현재에도 자산 계상이 가능하다. 소유하고 있는 특허를 몇 개의 자산으로 계상하는가는 매우 번거로운 문제이다. 하지만 기업의 실질적 체력을 판별하기 위해서는 피할 수 없는 과제라고 할 수 있다.

현재 일본에서도 외자계를 중심으로 M&A가 성행하고 있지만, 이때 실제로는 매수되는 기업이 갖고 있는 특허를 목표로 삼는 경우도 생각할 수 있다.

바꿔 말하면 특허를 비롯한 지적재산권의 가치를 적절히 평가할 수 있는지의 여부가 M&A 성공의 큰 포인트가 되는 경우도 앞으로는 증가할 것이라는 얘기다.

부동산이나 무형 이익의 경우와 마찬가지로 구입한 특허에 대해서는 계상이 쉬운 편이다. 취득 가격(구입 가격)을 그대로 계상하면 되기 때문이다.

취득 단계에서 비즈니스상의 가치를 산정하여 가격을 산출하는 것이므로, 당연하다면 너무나 당연한 이야기가 될 것이다.

어려운 것은 자사에서 개발한 경우이다. 특허 조사나 명세서 작성을 전문 변리사 사무소 등에 의뢰해도 1건 당 원가는 500만 원 정도일 것이다.

원가 500만 원에서 몇 년 후에 100억 원, 200억 원의 수익을 기대할 수 있다고 해서 몇 십억 원의 자산으로 계상하는 것은 수익의 확실성 여부에 달려있지만 좀처럼 쉬운 일이 아니다.

물론, 여기서 말하는 것은 세법상의 제도 회계가 아니라 기업의 가치를 적절히 파악하기 위한 관리 계상의 자산 계상이다.

제도 회계상의 연구 개발비, 소프트웨어 개발비 자산 계상 기준

참고로 제도 회계상의 연구 개발비와 소프트웨어 개발비의 자산 계상의 기준을 소개하기로 한다(229페이지 '연구 개발비와 소프트웨어 개발비 계상의 기준' 그림 참조).

연구 개발비와 소프트웨어 개발비의 회계 제도상의 자산 계상 기준은 상당히 까다로워서 해석이 엇갈리는 부분도 있다. 여기서는 기본적인 방침만 정리해두기로 한다.

기본적으로 세법상에서도 연구 개발비, 소프트웨어 개발비와 함께 자산(순연 자산 등)에 대한 계상의 길이 열려 있다. 하지만 연구 개발비는 비용처리 되는 경우가 많으며, 소프트웨어 개발비에 대해서는 구입 부분(구입 소프트웨어 및 개발의 외부 위탁분)에 대해서만 자산 계상으로 처리된다.

▼ 연구 개발비와 소프트웨어 개발비 계상 기준

연구 개발비

조정자산 등의 자산에 계상 가능

단, 대부분의 경우 비용으로 처리되고 있다

소프트웨어 개발비

- 연구 개발 목적의 경우
- 판매를 목적으로 수주 후 개발하는 경우 ➡ 재고정리자산
- 시장 판매를 목적으로 개발하는 경우
  - ① 제품 마스터 완성까지의 부분 ➡ 연구개발비
  - ② 제품 마스터 완성 후의 부분 ➡ 무형고정자산
- 사내 이용을 목적으로 자사에서 개발하는 경우
  - ① 수익 증가와 비용 감소에 공헌하는 것이 확실한 경우 ➡ 무형고정자산
  - ② 수익 증가와 비용 감소에 공헌하는 것이 확실하지 않은 경우 ➡ 비용
- 사내 이용을 목적으로 외주에 의해 개발하는 경우 ➡ 조정자산

특허의 증권화

기업이 발행하는 사채 등의 증권에 대해서는 스탠더드 & 푸어스사나 무디스사 등의 자격을 갖춘 기업이 일정한 척도에 맞춰 평가를 시행하고 있다.

또한 기업의 주식에 대해서는 많은 분석가들이 분석하며 평가하고 있다.

자격을 부여한다는 것은 위험 부담이나 수익이 설정되는 것을 의미한다. 그리고 그 자격에 따라 증권의 매매 가격을 결정한다고 할 수 있다.

특허에 대해서도 이러한 자격을 부여하는 평가의 필요성이 요구된다. 이러한 경우에 특허가 창출해내고자 하는 가치, 특허의 대항력, 특허의 유효 기간(법률상의 유효 기간이 아니라 기술적으로 효과를 발휘할 수 있는 기간) 등을 토대로 특허의 가치를 산정하게 되는 것이다. 물론 증권의 자격 부여와 마찬가지로 평가가 100% 맞는다는 보장은 없다.

특허가 평가되어 자격을 부여받게 되면 특허 매매가 성행하게 된다. 그렇게 되면 보다 특허의 활용도가 높아지고 발명이 사장되지 않고 실제로 이용되는 기회가 많아진다는 결론이다.

실제로, 지금까지 평가가 어려웠던 토지나 빌딩 등의 부동산에 대해서도, 그 토지나 빌딩에서 얻어지고 예측되는 수익을 토대로 자격을 부여하고 있다. 마치 부동산을 이율이 약정된 '증권'과 같이 취급하는 비즈니스가 성립하고 있는 것이다.

빌딩을 임대해주는 경우, 임차인에게서 매월 일정한 수입을 얻을 수 있다. 이 정기적인 수입은 증권의 이율과 같은 것이라고 할 수 있다.

마찬가지로 증권화를 꾀할 수 있는 자산으로는 부동산이나 자동차 융자 채권 등이 있다.

이들 역시 매월 융자 대금을 빌려주고 정기적인 수입을 얻게 된다. 장래까지 정기 수입을 얻을 권리를 현시점에서 매도해버리는 것이다.

부동산을 수익성에 기준을 두고 증권화함으로써 다른 투자 대상(주식이나 투자 신탁 등)과 같은 수준에서 평가할 수 있게 될 뿐만 아니라 거대한 부동산을 소량화하여 매매할 수도 있다.

이러한 경우는 특허에 대해서도 적용된다.

특허에 의한 기대 수익을 약정한 증권을 발행하면, 그 특허를 사업화하기 위한 자금 조달이 쉬워진다. 이와 같이 증권화한다는 것은 비즈니스 기회를 넓혀나가는 것을 의미하는 것임에는 틀림없다. 하지만 수익 전망을 실현해야 하는 과제를 안고 있기도 하다.

부동산이나 외상 대출 채권을 증권화하는 경우, 다음과 같은 방법으로 증권화에 따라 투자가가 불이익을 당하지 않도록 하는 방안을 찾고 있다(232페이지 '자산 증권화 구조' 그림 참조).

① 자격 부여 기관 등이 자산에서 얻어지는 수익을 평가한다.
② 위험 부담과 수익이 서로 비슷한 그룹에 자산 내역을 분할하여 각기 수익을 설정한다.
③ 위험 부담이 기대 수익보다 지나치게 높을 경우 은행 등이 신용 보완을 시행한다.
④ 도산의 위험성이 없는 제3자 기관(SPV)이 자산 관리, 수익 배분을 담당한다.

▼ 자산 증권화의 구조

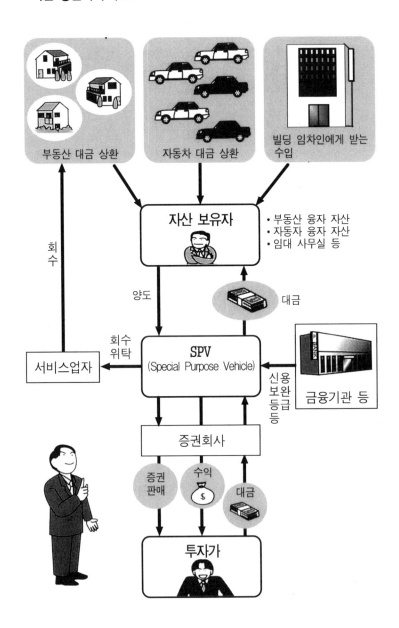

부동산 대금 상환

자동차 대금 상환

빌딩 임차인에게 받는
수입

자산 보유자

• 부동산 융자 자산
• 자동자 융자 자산
• 임대 사무실 등

회수

양도

대금

회수
위탁

SPV
(Special Purpose Vehicle)

신용
보완
등급
등

금융기관 등

서비스업자

증권회사

증권
판매

수익
$

대금

투자가

이와 같이 신용할 수 있는 자격 부여 기관이 존재할 것, 자산의 위험 부담과 수익을 정교하고 치밀하게 분석할 수 있는 분석가가 존재할 것, 신용 보증 기관이 존재할 것, 도산 위험이 없는 관리 회사를 설립할 것 등 몇 가지 전문 기관 및 조직이 존재하지 않으면 자산의 증권화는 실현될 수 없다.

특허에 대해서도 이러한 증권화를 위한 방안을 마련해야 할 필요가 있다. 그렇게 함으로써 특허의 활용도가 비약적으로 향상될 수 있다고 본다. 기대 수익이라는 누구나 알고 있는 척도로 특허를 평가할 수 있게 되기 때문이다.

특허의 오픈 설계화

특허를 자산으로 간주하여 자산으로 증권화하는 기법은 특허 활용도 향상에 안성맞춤이라고 할 수 있겠다.

그러나 자산 가치를 평가하고 제3자 기관을 두어 특허에서 얻어지는 수입을 투자가에게 분배하려면 절차가 매우 복잡하다. 거액의 고정비가 지출되기 때문에 비교적 큰 수입을 기대할 수 있는 특허가 아니라면 증권화해도 별 장점이 없다는 얘기이다.

하나의 특허로는 좀처럼 큰 수익을 기대할 수 없지만, 관련 특허를 모아서 하나의 집합 특허(특허 풀)를 만들어 보다 넓은 범위에 적용할 수 있으며 기대 수익도 대폭 확대된다.

어떤 비즈니스 방식을 실현하기 위해 필요한 특허를 모아서 하나의 패키지로 묶어둠으로써, 각각의 특허로는 실현할 수 없었던 큰 가치를 실현할 수 있게 된다. 그렇게 되면 제3자 기관에 관리를 의뢰하여 널리 투자가를 모을 수도 있게 된다.

이것이야말로 진정한 비즈니스 모델 특허가 아닐까?

어떤 비즈니스를 할 때 그 비즈니스를 성립시키기 위해 필요한 발명(특허 개발)을 한 사람에게, 발명 공헌도에 부응하는 대가를 지불하는 방식이 실현되면, 기업과 기업이 서로 정보를 숨겨가며 경영 자원을 이중, 삼중으로 투자하고 경쟁해왔던 지금까지의 비즈니스 경쟁 모델이 얼마나 비효율적인 시스템이었는지 인식하고 이제는 망각의 저편으로 날려보낼 수 있을 것이다.

실제로 이러한 형태로 비즈니스가 실현된 사례가 있으므로 잠시 간단하게 살펴보기로 하자.

● **MPEG2 특허**

MPEG2란 영상 압축의 국제 규격 중 하나이다. MPEG2는 기술적으로 주목할 만한 가치가 있을 뿐 아니라 특허의 유효 활용적 측면에서도 주목할 만한 국제 규격이다.

영상 압축에는 많은 기술이 연관되어 있다.

여러 개의 특허를 하나로 합치지 않으면, 한두 개의 특허를 가지고는 전체적으로 볼 때 그 특허에 대해 크게 역할을 하지 못하는 경우가 있다.

즉, 어느 하나의 기술에 관해 특허를 가지고 있는 발명자가 다른 기술을 가지고 있는 발명자에게 특허 사용을 허가하지 않게 되면 전체 구조가 제 기능을 할 수 없게 되고 만다.

그래서 국제 규격화를 추진하고 있는 작업 집단은 미국에 하나의 특허 관리회사를 설립하여, 그 회사에 MPEG2에 관한 특허를 집약했다. 그리고 개별 특허 소유자에게 전체에서 얻은 특허료를 배분하기로 했다.

이러한 방식은 기업 대 기업이 자사 소유 특허를 국제 규격으로 만들기 위해 분전하던 이전의 국제 표준 획득의 움직임과는 명확하게 구분되는 것이라고 하겠다. 우수한 기술을 널리 보급하는 것을 목적으로 한다는 점에서 주목할 만한 가치가 있다.

물론, 특정 기술을 배제하지 않는 공평성을 유지하기 위한 기준이 분명한 것은 아니지만, 기술이 복잡해지고 있는 오늘날의 하이테크 업계에서는 특허에 관한 하나의 방향성을 제시해주는 사건이라고 할 수 있다.

이러한 동향은 미국 사법부 반독점국이 공식적으로 '경쟁을 방해하는 것이 아니다'라는 사실을 인정받게 되면서 궤도에 올랐다.

또 하나 덧붙이고 싶은 것은 특허의 집합체(특허 풀)를 관리하는 기관에 특허 풀에 포함되는 요소 기술을 개선해 나가는 역할이 더해진다면, 그 비즈니스 모델이 더욱 진화해갈 것이라는 점이다.

실제로, 리눅스(LINUX)라는 소프트웨어는 봉사 차원의 성격을 강화한 형태로, 이러한 개선이 진행되고 있다.

통제자에 의해 복잡한 시스템을 조절하려는 시도는 때때로 실패를 맛보기도 한다.

그러나 특허의 경우에는 약 20년이라는 기간에 효력이 없어진다는 기본적 성격을 가지고 있고, 통제를 위한 통제에 따른 기능 불완전이 심해지기 전에 저절로 사라진다고 생각된다.

제네바(쥬네브)에 ISO라는 조직이 있다. 여기서는 거의 모든 분야에 대한 국제 표준을 정하고 있다.

표준이라는 것은 호환성 확보에 매우 유효하다.

예를 들어 종이 크기를 A4, A3 등으로 표준화함으로써 한국은 물론 전세계 복사기나 팩시밀리도 이 표준에 따라 제작할 수 있다.

단, 이것이 종이 크기가 아니라 어떤 소프트웨어일 경우에는 문제가 복잡해진다.

왜냐하면 그 소프트웨어를 개발한 기업이 특허를 가지고 있고, 그것이 표준이 되어버리면 모두가 그것을 사용해야 하는 상황이 벌어지고, 특허를 가진 기업의 허가를 얻을 필요가 있기 때문이다. 이것이 표준과 특허의 문제이다.

많은 표준화 기관에서는 특허로 제한된 분야에 대해서는 '특허권자가 적어도 타당한 대가와 조건에 따라 무차별적으로 특허를 허락할 것을 약속하지 않는 한 표준이 될 수 없다'고 규정하고 있다.

현재 특허 대상 분야가 확대되고, 비즈니스 모델까지 특허로 제한되려 하는 움직임 속에서 표준화할 수 있는 분야가 축소될 우려도 있다.

칼럼 　비즈니스 아이디어는 보호받을 수 있는가?

　친하다고 생각했던 친구에게 비즈니스 아이디어에 대해 이야기 해주었다. 그런데 자신보다 먼저 그 아이디어를 이용한 사례가 많이 있다.

　우정을 잃은 것 이상으로 비즈니스상의 커다란 손실을 입을 우려가 있다. 따라서 아무리 친한 사이라 해도 비즈니스 아이디어를 공개하는 데에는 한번쯤 고심해야 할 필요가 있다.

　기업가는 사업 자금을 조성하기 위해 투자가에게 사업 아이디어를 설명해야 한다.

　물론, 수비 의무 계약을 체결한다 해도 원래 자본력이 있는 투자가가 들었던 아이디어를 발전시켜 실현시켜버리는 등 아이디어를 보호하는 일은 좀처럼 쉽지 않은 것 같다.

　이런 점에서도 비즈니스 아이디어를 정보 시스템화로 구체화시켜 특허화하는 것에 의미가 있을 것 같다.

가치 통합(Value Integration)

비즈니스 모델 특허, 또는 더 넓게 지적재산권이 만들어내는 비즈니스의 전망에 대해 어떤 식으로 '가치(value)'를 창출해내느냐의 관점에서 살펴보기로 하자.

비즈니스 모델 특허가 가치를 창출한다 해도 완전히 새롭게 가치를 만들어내는 경우는 그리 많지 않다.

실제로는 다양한 가치를 창출해내는 방식을 조합하여 새로운 종류의 가치, 또는 보다 큰 가치를 생성해내는 경우가 대부분이다.

이는 비즈니스상의 가치에 대해서도 적용된다. 조합한다는 의미에서 창조보다 모방이라는 표현이 적합할 것 같다.

이 책에서는 비즈니스 모델 특허에 관한 이야기를 해왔지만, '비즈니스 모델을 컴퓨터 방식으로 기술하면 특허가 된다'는 관점은 가치를 창출해내는 시점으로 볼 수 없다.

비즈니스 모델 자체가 가치를 만들어내는지에 의미가 있는 것이다. 더구나 특허가 비즈니스 모델 특허라고 부를 수 있을 만한 것인지는 논의를 한다 해도 별 의미는 없다.

가치를 창출하는 방식을 특허화하는 것은 권리를 독점하기 위한 것이 아니라, 권리를 확립하고 가치를 명확하게 하기 위한 것이어야 한다(특허의 자산화).

그리고 특허가 가진 가능성을 바르게 평가하고(특허의 증권화), 널리 공개해서 많은 사람이 활용할 수 있도록 하는 것에 목적을 두어야 한다(특허의 오픈 설계화).

비즈니스 측면에서 생각하는 가치에는 두 가지가 있다.

하나는 사업을 해서 현금(cash)을 수중에 넣는 일이다.

상품이나 서비스를 될 수 있는 한 높은 가격에 판매하고, 그 상품이나 서비스를 가능한 한 낮은 가격(cost)에서 실현하여 '이익'이 생기는 것이다.

그리고 판매한 후 될 수 있는 한 빨리 현금을 회수함으로써 이익을 현금화하는 효율을 높인다. 이익을 확대하고 이익의 현금화를 앞당기는 일에서 가치가 창출된다.

또 하나는 이른바 시가총액이라고 하는 가치이다.

주식 시장 가격의 총액을 높이는 것이 시가 총액에 따른 가치 창조이다(공개 기업에만 적용되는 가치이다). 시가 총액은 이론치로서는 매년 생성되는 현금을 현재 가치로 적산한 금액이어야 한다(실제로는 주식 시장에서의 인기도에 따라 이론치를 상회, 또는 하회한다).

시가 총액의 경우, 수중에 넣을 수 있는 현금을 늘리기 위한 비즈니스 모델뿐 아니라, 투자가에게 어떻게 사업의 가치를 설명하느냐 하는 것이 중요하다. 이 부분(IR=Investor Relations)에도 비즈니스 모델이 있다.

물건을 만드는 방법, 서비스 판매 방식, 결제 방식, IR 등의 다양한 비즈니스 모델을 조합하여 사업 전체 방식을 구성하는 것은 바로 가치를 통합하는 것이라고 할 수 있을 것이다.

특허가 자산으로 평가되고 증권과 같이 매매가 쉬워져서 오픈된 이용이 가능해지면, 비즈니스 모델 특허는 진정한 가치를 창출하는 가치 통합의 키 컴포넌트가 될 것이다.

이것이야말로 비즈니스 모델 특허가 지향해야 할 방향이라고 할 수 있다.

비즈니스 모델 특허는 나쁜 것이 아니다

비즈니스 모델에 특허를 인정해주면 비즈니스 방식이라는 넓은 범위에서 독점 권리화가 생기고, 비즈니스의 건전한 발전을 저해할 가능성이 있다는 견해가 자주 나오고 있다.

누구나 사용할 수 있어야 하는 비즈니스 모델이 독점 당하거나 부당한 라이선스료를 내야하는 위험성도 없다고 할 수 없다.

제1장 '비즈니스 모델 특허의 충격'에서도 설명한 바와 같이, 모든 비즈니스 모델에 대해 특허가 인정되는 것은 아니다. 신규성·진보성이라는 장애물을 넘어야만 특허를 따낼 수 있는 것이다.

미국에서 특허를 인정받고 있는 모든 비즈니스 모델 특허가 이 장애를 실제로 넘었는지 여부와는 별도로, 이러한 장애물을 넘는 사람이 정당한 대가를 얻는 것을 부정하는 일은 없다고 여겨진다.

만약 그 특허권자에 의한 독점권 활용이 염려가 된다면 강제 실시 허락 제도나 독점금지법 등의 경쟁 정책으로서의 대응을 생각하는 것이 적당하지 않겠는가?

아무튼 이러한 지적재산권과 독점에 관한 문제는 마이크로소프트사의 예로 대표되듯이, 산업 정책상의 중요한 문제 중 하나로 대두되고 있다.

이 점에 관해서는 경제나 사회의 발전이라는 측면에서 논의가 기대되는 분야라고 할 수 있다.

또한 비즈니스의 발전 속도가 눈에 띄게 빨라지고 있는 비즈니스 모델의 성격상, 15년, 20년이라는 특허 보호 기간은 너무 긴 것이 아니냐에 대한 생각은 그 기간의 단축이라는 대응도 선택 답안 중 하나로 생각할 수 있을 것이다.

단, 무엇을 비즈니스 모델로 삼고 무엇을 비즈니스 모델로 삼지 않느냐의 범위를 결정하는 데에는 명확하지 않은 부분이 많고, 법률 등으로 명문화하여 대응하는 것은 매우 어려운 일이다.

즉, 비즈니스 모델이라는 것만 가지고 특허가 되는 것은 용납할 수 없다는 사고 방식 역시 적합하지 못한 것이 아니냐는 것이다.

인간의 본성으로 볼 때 자기 이익 없이 공적인 이익만을 위해 개발을 하고자 하는 사람은 일반적으로 없다. 특허를 개발하여 큰 이익을 기대할 수 있다고 믿기 때문에 장애를 극복하는 동기가 부여되는 것이다.

그 동기 부여를 높이기 위한 제도가 특허 제도이다. 비즈니스 모델의 개발 경쟁으로 우수한 비즈니스 모델을 실현하는 것이 사회에 공헌하는 배경이 되며, 비즈니스 모델이 인정받게 된다고 할 수 있다.

그리고 지금까지 이야기한 바와 같이 특허라는 지적재산을 사회에서 잘 유통·활용해 나갈 수 있도록 환경을 조성하는 것이, 발명자의 이익과 사회 발전이라는 지적재산권 제도의 균형을 이룰 수 있게 해주는 원동력이 될 것이다.

제2장 '지적재산권, 그 첫걸음'에서 특허를 인정하는 범위가 지역과 시대에 따라 변화해가고 있다고 이야기했지만, 사회의 필요성에 의해 특허에 대한 기대도 변해가도 있다.

뿐만 아니라 변화의 속도가 빠른 오늘날, 그 사회의 필요성을 결정하기 위해서는 '시장'이 큰 역할을 감당하고 있다고 할 수 있다.

그러나 현시점에서는 특허 비즈니스 시장은 성숙한 단계에 이르지 못했고, 그 결과 비즈니스 모델 특허에 관해서도 혼란이 야기되고 있는 부분이 있다.

지금까지 이야기한 것처럼 특허라는 지적재산을 사회 속에서 잘 유통·활용해 나가는 환경을 조성하고, 지적재산 비즈니스를 발전시켜 나가는 것이 발명자의 이익과 사회 발전의 양립이라는 지적재산 제도의 균형을 실현하기 위해 반드시 필요한 과제이다.

맺음말

비즈니스맨을 위한 특허 지식

이 책은 특허를 기업 시스템으로 활용하는 시점으로 보아왔던 필자와 특허를 산업계의 경쟁 전략에 활용하는 시점으로 보아왔던 필자가 논의를 거듭한 끝에 완성하게 되었다.

비즈니스 모델 특허를 어떻게 비즈니스상의 가치로 실현시킬 것인가, 단적으로 말하면 특허에서 어떻게 이익을 창출해내느냐를 중심으로 집필하였다. 그렇기 때문에 특허 신청 절차나 특허 집필에 관한 노하우에는 그다지 지면을 할애하지 않았다.

특허명세서를 보면 알 수 있듯이 특허의 세계는 일상과는 동떨어진 세계이다. 특허명세서를 보면서 '왜 이렇게 이해하기 어려운 문장을 써놓은 것일까'하고 생각하는 것이 일반적이다. 그만큼 일반 비즈니스맨에게 있어서 특허는 익숙하지 않은 것이다.

실제로 본문 가운데에도 나오듯이 내용을 읽고 이해를 한다 해도, 특수 기능을 요하는 특허의 조사나 심사에 관해서는 인재 부족이 큰 문제가 되고 있다.

그러나 익숙하지 않은 분야일지라도 지식형 사회에서는 특허 등의 지적재산권이 비즈니스상에서 경쟁력의 근원이 되는 것은 틀림없는 사실이다.

독특한 특허의 세계에도 적응하는 일은 이제 피할 수 없는 과제가 되었다.

이 책의 기획은 특허의 세계와 비즈니스 세계에 뭔가 연관되는 것이 있지 않을까 하는 의문에서 출발하였다.

또한 지식형 사회의 비즈니스 방식에서 비즈니스 모델 특허에도 힌트를 줄 수 있지 않을까 하는 생각을 가지고 이 책을 써나갔다.

그리고 필자들 자신이 『비즈니스 모델 특허 전략』을 완성시켜 나가면서, 비즈니스 모델 특허가 갖는 커다란 가능성에 대해 새삼 인식할 수 있는 계기가 되었다.

비즈니스 모델 특허 논의가 특허의 세계와 비즈니스 세계를 연결하는 고리가 되어, 특허에 대한 조사력이나 개발력이 앞으로 비즈니스맨의 필수 기능이 될 것이다. 또한 그렇게 되는 것이 필자들의 작은 바람이기도 하다.

지식형 사회의 비즈니스 수단

지식형 사회의 도래를 외친지도 오래 되었다. 그러나 지식이야말로 가치의 원천이라는 사고 방식은 이해할 수 있어도, 실제로 지식이 어떻게 가치로 실현되어 나가는가에 대해서는 좀처럼 이미지를 떠올리기가 쉽지 않다.

지식에도 다양한 측면이 있고, 그것을 일률적으로 평가하는 것은 쉬운 일이 아니다. 더구나 새삼스럽게 이야기할 필요도 없는 일이지만, 비즈니스는 전세계적으로 전개되고 있다. 지식의 가치를 전세계에서 공통 인식하는 것은 매우 어려운 일이라고도 할 수 있겠다.

현행 제도로는 지적재산권이 가장 사회적으로 인지되고 있는 지식 평가 기준이 되고 있다. 때문에 비즈니스 모델 특허는 지적재산

제도 가운데서 현재 가장 뜨거운 사회적 테마가 되고 있다.

관심이 높아지고 있는 비즈니스 모델 특허라 하더라도 지적재산권 제도의 개혁 등을 거치지 않고는 시민권을 얻을 수 없을 것이다.

그러나 이러한 과정을 거쳐 지식형 사회의 사회 구조가 조금씩 현실화되어가는 것이라고 생각한다.

비즈니스 모델 특허가 관심을 모으는 것은 지식형 사회가 현실화되고 있기 때문이 아닐까?

이제 사람이 몸을 사용하여 행하는 가치의 창조는 기계나 컴퓨터의 몫으로 바뀌어가고 있다. 그래서 기계의 몫이 되어버린 부분은 비즈니스 방식 자체를 생각하는 일로 바뀌어가고 있다.

기계나 컴퓨터에 관한 특허보다도 비즈니스 모델 특허에 관심이 몰리는 것도, 지식형 사회의 도래라는 커다란 흐름 속에서는 필연적인 것이라고 볼 수 있다.

마지막에

비즈니스 모델 특허에 관한 논의는 지식을 어떻게 가치로 실현할 것인가 하는 질문에 대해 시사해주는 바가 크다. 필자들도 미력하나마 지식의 가치화에 힘을 발휘할 수 있다면 하는 마음으로 이 글을 썼다.

이 책을 집필하면서 힘닿는 대로 퇴고를 거듭하였으나 미흡한 점이 많다는 것을 잘 알고 있다. 독자 여러분의 많은 지도를 바라며 깊은 연구를 계속해 나갈 것을 약속드리는 바이다.

필자

참고문헌

- 『Discovering New Value in Intellectual Property』, Kevin G. Rivette and David Kline, Harvard Business Review, January 1 February 2000.
  미국의, 특히 비즈니스계에서 지적재산권이 어떻게 기업 전략의 중요 핵심이 될 수 있는지를 숫자를 표시해가면서 설명한 보고서이다. 기업 경영자라면 꼭 한 번 읽어두기를 바란다.

- 『Patent Law And Policy Cases and Materials』, Robert Patrick Merges, MICHIE, 1992.
  미국 특허법의 교과서이다. 비즈니스 모델 특허에 관한 과거의 판례(메릴린치 금융 서비스를 둘러싼 판결 등)를 분석하면서, 동시에 비즈니스 모델 특허를 인정할 수 없다는 입장을 가진 사람들의 의견도 정리해 놓았다.

- 竹田和彦,『특허 지식(제6판)』, 다이아몬드사, 1999.

- 紋谷暢男 편,『특허법 50강』, 有斐閣雙書, 1997.
  특허법에 대해서 시험지의 모범 답안 같은 느낌이 들 정도로 알기 쉽게 설명해놓은 한 권의 책이다.

- 下田博次, 『지적소유권의 공포 – 일본·미국의 지식 알기 전략』, にっかん書房, 1992.
  미놀타가 미국 하네웰사와의 특허를 둘러싼 분쟁에 진 사례를 비롯하여, 구체적인 예를 섞어가면서 미국의 특허 전략이 앞서 가고 있음을 지적한 책이다.

- 荒井壽光, 『특허 전략 시대』, 日刊工業新聞社, 1999.
  특허의 중요성을 다양한 각도에서 분석한 책이다. 전직 특허청 장관의 경험도 담았으며, 새로운 '지적재산 기본법'이라는 시안 도 제시하고 있다.

- 久保浩三, 『도해 공개 특허 활용법』, 日刊工業新聞社, 1999.
  특허를 실제로 집필하려는 사람에게 추천하고 싶은 책이다. 특 허 조사 진행 방법에서 특허명세서 작성법까지 상세하고 알기 쉽게 설명해 놓았다.

- 相澤英孝, 『전자 화폐와 특허법』, 弘文堂, 1999.
  소프트웨어의 특허화에 대해 전자 화폐 관련 사례를 다양하고 구체적으로 해설했다. 시티뱅크의 전자 화폐 특허에 관해서도 청구항마다 해설해 놓았다.

- 아더앤더슨 비즈니스 컨설팅, 『분배 서비스』, 東洋經濟新報社, 1999.
  간접 부문의 효율화에 맞게 기업 그룹의 간접 부문을 하나의 서 비스 센터로 정리하는 기법을 해설해 놓았다.

• G. 베넷스튜어트, 『EVA 창조의 경영』, 닛코리서치센터 역, 東洋經濟新報社, 1998.
특허 자산화 방식에 흥미가 있는 사람에게 스턴 스튜어트사의 원전을 닛코 리서치 센터가 번역한 본서를 추천하고 싶다. 분량이 많고 조금 본격적이지만, EVA에 관해서는 본서가 가장 이해하기 쉽게 구성되었다.

• 井出保夫, 『증권화 방식』, 日本實業出版社, 1999.
특허의 증권화에 대해 언급한 책은 없다. 여기서 소개하는 것은 부동산의 증권화에 관한 서적이다. 부동산의 증권화 방식을 특허에 적용하여 생각해볼 것을 권한다.

• 國領二郎, 『오픈 설계화 전략』, 다이아몬드사, 1999.
게이오 기주크 대학 비즈니스 스쿨의 國領二郎 씨가 오픈 설계화에 대해 정리한 서적이다.

• 藤野仁三, 권말 참고 자료 「미 사법성 반독점국 공개서간 – 특허 풀과 미 반독점국법」, 『특허와 기술 표준』, 八朔社, 1998.
권말에 MPEG2 특허의 축적에 대한 미 사법부 반독점국의 공개 서간이 게재되었다. 특허와 오픈 설계화에 관심이 있는 이들에게 추천하고 싶다.

• 岸宣仁, 『'넷 비즈니스' 미국의 술책』, 『中央公論』 4월호, 2000.

• 소프트웨어 위원회, 『비즈니스 모델 특허의 현상과 과제』, 페턴

트 2000, Vol.53 No.2

• 萩原誠, 『특허로 돈 벌자 – '특허 시장'의 개설 계획에서 특허 취득 방법까지』, ごま書房, 1998.

• 靑山鑛一, 山田森一, 『지적 소유권 공방』, PHP硏究社, 1988.

• 富田徹男, 豊田正雄, 『벤처 비즈니스와 특허 전략』, 다이아몬드사, 1996.

• 名和小太郎, 『지적재산권 하이테크 비즈니스로 흔들리는 제도』, 日本經濟新聞社, 1993.

• 今野浩, 『자동차 제조업체의 특허와 소프트웨어』, 中公新書, 1995.

• 『Understanding Intellectual Property Law』, Donald S. Chisum, Michael A. Jacobs, Marrhew Bender, 1992.

• http://findx.nikkeibp.co.jp/spOObm_O.html
일본경제BP사의 비즈니스 모델 특허에 관한 홈페이지. 비즈니스 모델 특허 관련 링크는 거의 대부분 망라되어 있다고 해도 좋을 것 같다.

• http://www.jpo-miti.go.jp/home.htm

일본 특허청 홈페이지. 특허 검색도 할 수 있고, 특허에 관해 압도적인 정보 제공을 하고 있다.

• http://www.uspto.gov/patft/index.html
미국 특허청 홈페이지. 미국의 특허에 대해 특허번호나 키워드 입력 등의 몇 가지 방법으로 검색할 수 있다.

저자 소개

• 시바타 히데토시(柴田英壽)

IT 컨설턴트. 1992년 와세다대학 정경학부 졸업.

1998년 Olin School of Business에서 MBA 취득.

제조업을 대상으로 간접 업무, 시스템 개발 업무를 효율화하고 창조적인 업무로의 전환을 테마로 컨설팅 활동을 전개중.

비즈니스 모델 특허 및 비즈니스 모델 특허 패키지에 의한 새로운 사업 모델 기획중.

MBA 동우회 활동을 통해 일본인의 비즈니스 교육의 확충을 추진중.

저서로 『가치 통합』(동양경제신보사)이 있다.

저자 e-mail 주소 : shibatah@mediafrontier.com

저자에 관한 상세한 정보는 http://www.mediafrontier.com에서 보실 수 있습니다.

• 이하라 도모히토(伊原智人)

1990년 도쿄대학 법학부 졸업.

1996~1997년 워싱턴대학 로스쿨 CASRIP(지적재산 연구소) 객원 연구원, 1998년 펜실베니아 대학 로스쿨에서 LLM 취득.

정책 입안의 입장에서 전자 상거래에 관한 프로젝트 관여.

252

현재, 지적재산권 제도·지적재산권 비즈니스, IT 정책에 대해 연구중.

저서로『전자상거래 - 일본 재생의 조건』(일간 공업 신문사)이 있다.

저자 e-mail 주소 : info@business-ipr.com

저자에 관한 최신 정보는 http://www.business-ipr.com에서 보실 수 있습니다.

• 옮긴이 ― 김욱송

일본 리쿄대학 경영학부를 거쳐 SANNO대학에서 경영정보학을 전공했다.
일본 통산성 주최 정보처리 제1종과 중소기업진단사 자격증을 취득하였고,
일본에서 현지 법인을 설립하여 무역과 컴퓨터 관련 사업을 하다 귀국했다.
현재, 한국과 일본의 인터넷 비즈니스 사업을 촉진하기 위해
일본 인터넷 비즈니스 SEO 및 앤더슨컨설팅재팬과 교류하고 있으며,
국내의 인터넷 비즈니스업체 자문활동을 하고 있다.
번역한 책으로는 『e비즈니스』, 『Transform Yourself』 외 다수가 있으며,
'AUSOME COMMUNICATION' 대표로 있다.

• 감수 ― 신양환('정직과 특허' 대표 변리사)

중소기업진흥청, 특허청 정보과·반도체과·컴퓨터과(1979~2000)에 근무하면서
디지털 정보기기, 반도체 장비 및 소자, 컴퓨터 및 BM 특허 심사를 담당했다.
현재, '정직과 특허' 대표 변리사로써 인터넷 관련 BM 특허 출원(해외) 및 기술 개발의
책임을 맡고 있으며, 조달청 우수물자 선정 평가위원, 산업기술평가원 평가위원이다.
'정직과 특허'는 전기·전자·기계·화학·상표·의장의 각 분야에서 심사 및 심사 업무를
10년 이상 수행한 특허청 출신 전문가들로 구성된 특허사무소다.
기술 검색에서부터 출원·등록의 과정을 온라인화 하고, IP 전문 변호사·정보검색회사
(WIPS) 및 컨설팅사와 업무 협약을 통한 체계적인 서비스를 수행하고 있다.
특허 특허 소송과 관련된 각종 소송 수행 및 기술 평가 자문, 법률 관계 및 계약 문안
검토, 기술 개발, 사업화를 목적으로 하는 벤처·중소기업과 관련된 업무를 하나의
시스템 내에서 처리할 수 있는 지적재산권의 토털 서비스를 제공하고 있다.

비즈니스 모델 특허 전략

제1판 제1쇄 찍음   2000년 11월 5일
제1판 제1쇄 펴냄   2000년 11월 10일

지은이   시바타 히데토시·이하라 도모히토
옮긴이   김욱송
감 수   신양환('정직과 특허' 대표 변리사)
펴낸이   이영희
펴낸곳   이미지북

등록번호   제2-2795호(1999. 4. 10)
주   소   148-842, 서울특별시 광진구 노유1동 238-7
대표전화   483-7025,   팩시밀리 483-3213
E-mail   ib00k@chollian.net

ISBN 89-89224-01-2   03320

e 비즈니스

● 제1장에서는 'e비즈니스란 무엇인가'의 정의를 소개한 다음, e비즈니스의 역사와 실태를 정리하고 그 배경이 되는 패러다임의 변화에 대해 설명한다.

● 제2장에서는 'e비즈니스가 기존 비즈니스에 어떤 영향을 미쳤으며, 어떤 비즈니스 모델을 만들어내고 있는지 살펴본다.

● 제3장에서는 e비즈니스의 전략 구축에 대해 아더앤더슨의 접근 방법과 수단을 소개하면서, 전략 구축시 파악해야 할 요점을 소개한다.

● 제4장에서는 e비즈니스를 구체적으로 진행시키는 데 유의해야 할 리스크, 특히 정보 시스템 리스크를 중심으로 해설한다.

● 제5장에서는 e비즈니스에서의 세무·법무에 관해 고려해야 할 중요 사항과 정비되고 있는 실태를 해설한다.

세계 최고의 e비즈니스 전문 컨설팅회사 아더앤더슨이 정의하는—

e비즈니스 전략 · 모델 · 세무 · 법무!

주 요 내 용

제1장 e비즈니스란 무엇인가?

- -

제2장 e비즈니스가 기존 비즈니스에 미치는 영향

- -

제3장 e비즈니스 전략 구축의 실제

- -

제4장 정보 시스템의 리스크 관리

- -

제5장 e비즈니스에 관련된 세무와 법무

이미지북